公司金融视角下

企业纯粹风险管理决策研究

陈 路/著

西南财经大学出版社

中国·成都

图书在版编目(CIP)数据

公司金融视角下企业纯粹风险管理决策研究/
陈路著.--成都:西南财经大学出版社,2025.7.--ISBN 978-
7-5504-6856-6

Ⅰ.F276.6

中国国家版本馆 CIP 数据核字第 20253KT999 号

公司金融视角下企业纯粹风险管理决策研究
GONGSI JINRONG SHIJIAO XIA QIYE CHUNCUI FENGXIAN GUANLI JUECE YANJIU

陈　路　著

责任编辑:王　利
责任校对:廖术涵
封面设计:墨创文化
责任印制:朱曼丽

出版发行	西南财经大学出版社(四川省成都市光华村街55号)
网　　址	http://cbs.swufe.edu.cn
电子邮件	bookcj@swufe.edu.cn
邮政编码	610074
电　　话	028-87353785
照　　排	四川胜翔数码印务设计有限公司
印　　刷	成都国图广告印务有限公司
成品尺寸	170 mm×240 mm
印　　张	9.5
字　　数	144 千字
版　　次	2025 年 7 月第 1 版
印　　次	2025 年 7 月第 1 次印刷
书　　号	ISBN 978-7-5504-6856-6
定　　价	68.00 元

前　言

　　纯粹风险广泛存在，涵盖自然灾害、意外事故以及法律责任风险。这类风险一旦发生，除了引发经济损失之外，还会影响家庭安定和企业发展，破坏社会经济稳定。党的二十大以来，党中央高度重视社会治理体系建设，党的二十届三中全会将健全社会治理体系放到国家安全体系和现代化建设的战略高度。保险作为纯粹风险管理的基本手段，在民生安全保障、灾害事故预防与救助等方面发挥着重要作用，是实现社会治理现代化的重要组成部分。

　　我国幅员辽阔，环境条件复杂，导致我国是世界上遭受自然灾害影响最为严重的国家之一。然而，相对于自然灾害带来的巨大损失，我国自然灾害相关保险保障仍然存在很大缺口。在此背景下，企业作为重要的经济主体，面临的灾害威胁尤为突出。另外，近年来，安全责任事故、环境污染事件频发，严重威胁公众的生命健康和财产安全，干扰企业持续生产经营，破坏了社会稳定。责任保险作为一种能够同时保障投保人和受害人权益的风险管理机制，可以转移生产企业面临的潜在责任风险，减轻政府的社会管理压力。但是，责任保险的经典理论和实践表明，对于某些类型的责任保险（如环境污染责任保险），企业保险需求存在不足的现象，因此，责任保险的供给往往需要政府参与，比如，我国建立环境污染强制责任保险制度。那么，如何促进企业购买保险，更好发挥保险对企业的风险保障作用，降低纯粹风险敞口，是亟待解决的问题。因此，本书将以保险为目标，系统研究企业纯粹风险管理决策相关问题，探讨企业在不同类型的纯

1

粹风险条件下复杂的风险管理行为，从而为促进政府企业保险政策的制定和企业的风险管理决策提供参考，同时，也进一步丰富和补充现有的公司金融理论和企业保险需求理论。

本书的主要内容包括以下几个方面：

第一，本书在经典的公司金融理论基础上，结合金融资产定价方法，构建了纯粹风险管理决策模型。结合纯粹风险的特征，本书采用单侧的跳扩散过程来描述企业的资产价值，同时，假设企业通过购买保险，降低了企业资产的损失（或资产价值跳扩散的大小），从而将保险内生到了模型中。在此基础上，本书将企业价值视为以企业资产为标的的未定权益，利用资产定价方法确定企业价值。债权人和股东则以最大化企业价值为目标，确定企业的最优资本结构决策和保险决策。

第二，利用纯粹风险管理决策模型，本书系统研究了在不同类型的纯粹风险下，风险管理与企业价值之间的复杂关系，以及企业的最优保险策略。另外，本书考虑了风险管理成本对企业价值和最优保险决策的影响。结合由此得出的理论结果，本书以环境污染责任保险为例，进一步探讨了企业对责任保险的需求问题，并分析了政府保费补贴、"保险+信贷"对于企业投保环境污染责任保险的激励作用。这些分析为现实中企业复杂的保险决策提供了理论解释。

第三，通过扩展纯粹风险管理模型，本书定义了事前决策和事后决策两种决策模式，在此基础上，分析了股东与债权人之间关于保险决策的代理问题，以及代理问题对企业的最优保险决策和最优资本结构的影响。

第四，结合前期研究和所得结果，本书对一些与债券中保险条款和净值条款有关的行为提供了理论解释。

基于本书的研究内容，可以得出以下结论：

第一，保险可以显著提升企业价值，这表明了企业纯粹风险管理的重要性。另外，研究结果显示，纯粹风险管理与企业价值之间存在复杂的关系，在不考虑风险管理成本的情况下，当企业面临较小的纯粹风险时，企业价值随保险水平的上升而上升，企业的最优保险决策为完全投保；当企业面临较大风险时，企业价值的变化相对于保险水平呈现 U 形曲线，意味着过度的风险管理反而会降低企业价值，并且，企业的最优保险决策取决于与投保和不投保对应的企业价值。本书从权衡理论的角度对保险与企业价值间的复杂关系进行了解释。特别地，基于所得理论结果，本书分析了不同环境风险类型的企业对环境污染责任保险的需求，解释了针对环境污染高风险行业开展强制保险的原因。

第二，附加保费是保险实务中的一种重要经济摩擦，基于此，本书讨论了附加保费对企业价值和最优保险决策的影响。研究结果显示，当考虑到附加保费时，企业一定不会选择完全投保。这一结果为现实中企业的不完全投保行为提供了理论解释。另外，当企业面临的纯粹风险很小时，企业的最优保险决策是不投保。这一结果解释了在我国环境污染责任保险早期试点过程中，环境违法成本低导致企业不愿意投保环境污染责任保险的原因。此外，研究发现，当企业面临的纯粹风险特别大时，政府保费补贴（风险管理成本为负）和"保险+信贷"可以有效促进企业投保，这一结果为完善现有的环境污染强制责任保险制度提供了参考。

第三，本书研究了股东与债权人之间关于保险决策的代理问题。研究结果显示，股东与债权人之间关于保险决策的代理问题是否存在，与企业面临的风险类型有关。当企业面临的纯粹风险较小或者特别大时，股东与债权人之间关于保险决策的代理问题不存在；当企业面临的纯粹风险较大时，该代理问题存在。另外，研究发现，股东与债权人之间关于保险决策的代理问题，并不总是降低企业的最优杠杆率。

第四，本书对一些有关债券条款的行为提供了理论解释。对于债券中的保险条款，研究结果显示，在发行债券的时候，当企业资产面临显著的风险即平均损失和发生概率都较大的风险时，股东与债权人之间关于保险决策的代理问题会产生代理成本。此时，债权人可能会要求股东在债券中加入针对显著风险的保险条款。当企业资产面临其他风险时，代理成本为零，债权人不会要求股东加入保险条款。这就解释了保险条款歧视与风险依赖现象。另外，对于债券中的净值条款，研究结果表明，当债券期限相对较短时，与无净值条款债券相比，企业发行有净值条款债券带来的企业价值更大。因此，在发行债券时，债权人会要求企业在债券中加入净值条款。相反，当债券期限相对较长时，无净值条款债券对应的企业价值更大，因此，在发行债券时，债权人不会要求加入净值条款。这就解释了期限依赖现象。

本书的研究为促进政府企业保险政策的制定和企业的风险管理决策提供了参考，同时，也进一步丰富和补充了现有的公司金融理论和企业保险需求理论。

陈路

2025 年 6 月

目　录

第一章 引言

第一节 探究企业纯粹风险管理决策的动因与意义

一、探究企业纯粹风险管理决策的动因

（一）现实背景

纯粹风险，是企业在生产经营中面临的一种常见并且影响巨大的风险类型①。根据我国应急管理部的估计②，2024 年，我国发生的自然灾害主要包括洪水、地质灾害、台风、风雹、低温冷冻和雪灾，这些灾害造成全国 9 413 万人次不同程度受灾，因灾死亡失踪 856 人，房屋倒塌和损坏约89.6 万间，灾害造成的农作物受灾面积达到了 1 008.9 万公顷，直接经济损失约 4 011.1 亿元。面对如此巨大的经济损失，企业作为经济中的重要主体，通常会采用各种纯粹风险管理手段来降低潜在损失。在众多纯粹风险管理手段中，保险是企业在现实中广泛采用的一种风险管理方式。作为经济减震器和社会稳定器，保险在民生安全保障、灾害事故预防与救助等方面发挥着重要作用。

近年来，我国保险业发展迅速，特别是在新型冠状病毒感染疫情结束

---

① 纯粹风险不仅包括自然灾害和人为灾难等财产损失风险，还包括责任风险。

② 国家防灾减灾救灾委员会办公室，应急管理部. 2024 年全国自然灾害基本情况［EB/OL］.（2025 - 01 - 17）［2025 - 06 - 12］. https://www.mem.gov.cn/xw/yjglbgzdt/202501/t20250117＿5160 32.shtml.

之后，我国保险业原保险保费收入显著增长。国家金融监督管理总局披露，2024 年，保险业实现了全面增长，原保险保费收入约 5.7 万亿元，同比增长 11.76%。图 1.1 展示了 2019—2024 年我国保险业原保险保费收入情况①。需要指出的是，尽管近年来我国保费收入呈现不断增长的趋势，但是，相对于每年遭受纯粹风险带来的巨大经济损失，我国保险保障水平仍然不足。据瑞士再保险公司估计，2023 年，我国自然灾害所致损失占全球自然灾害总损失的比例约为 17%。相比之下，我国自然灾害相关保险赔付远低于全球水平，仅占全球自然灾害相关保险赔付的 3%。这反映出我国在自然灾害相关保险保障方面存在较大缺口②。

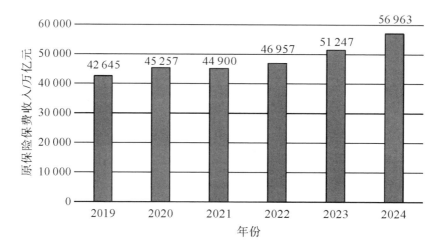

图 1.1　2019—2024 年我国保险业原保险保费收入情况

除了自然灾害相关保险的风险保障之外，责任保险同样是企业获得安全保障与风险转移的重要方式。关于责任保险的理论与实践都表明，许多责任保险存在需求不足的现象，往往需要政府制定强制保险制度（张冀、王稳、谢远涛，2014；段白鸽、王永钦、夏梦嘉，2023；Dionne，2013）。

---

① 图中的数据来源于国家金融监督管理总局官方网站每年披露的统计数据，手工整理。参见网址：https://www.nfra.gov.cn/cn/view/pages/tongjishuju/tongjishuju.html。

② 中国保险学会. 关于保险赔付在自然灾害损失中的占比的国内外情况比较[EB/OL]. (2025-01-01)[2025-06-12]. http://www.isc-org.cn/yqjc/16465.jhtml。

以环境污染责任保险为例，近年来，我国高度重视生态文明建设和绿色金融发展，在此背景下，环境污染责任保险已成为推动绿色发展的重要工具。我国自20世纪90年代开始试点环境污染责任保险，但是，受环境污染违法成本较低等原因影响，企业投保积极性不高（张伟、粟榆、罗向明，2014；张伟、袁建华、罗向明，2015）。2013年，生态环境部启动环境污染强制保险试点，且在2018年审议并原则通过《环境污染强制责任保险管理办法（草案）》，针对涉重金属、石化、危险化学品、危险废物处置等环境污染高风险行业采用强制保险。经过多年探索实践，我国环境污染责任保险的发展取得了显著成效，投保企业数量和保费收入均实现了大幅增长。随着我国对环境保护的重视程度不断上升，国家不断出台涉及环境保护的法律法规，建立并完善了生态环境损害赔偿制度，企业破坏环境的违法成本不断提升。在此背景下，我们是否有必要对强制保险政策进行调整呢？或者说，企业对于环境污染责任保险的需求是否会发生变化？

基于上述背景，我们发现，在现实中，企业的纯粹风险管理决策十分复杂，表现为对于不同类型的纯粹风险，企业通常有不同的保险策略。对于一些常见的纯粹风险，比如火灾等意外事故和机动车责任事故，即使保费中包含附加保费，企业也会购买保险（李晓翾、陶茜，2016；李政宵、孟生旺，2016）。而对于自然巨灾，政府通常需要提供保费补贴，才能促进企业购买保险（卓志、段胜，2016；叶朝晖，2018；卓志，2018）。另外，对于某些责任风险，政府除了采用保费补贴[①]、"保险+信贷"等资金激励政策促进企业投保之外[②]，通常还会采用强制保险的方式要求部分企业购买保险，比如我国针对环境污染高风险领域开展环境污染强制责任保险。现实中企业复杂的风险管理行为，为政府制定促进企业风险管理的政策带来了困难。

---

①　江苏省生态环境厅，江苏省财政厅.江苏省生态环境厅 江苏省财政厅关于组织申报2022年度江苏省绿色金融奖补资金的通知［EB/OL］.（2022-03-24）［2025-03-25］. http://sthjt.jiangsu.gov.cn/art/2022/3/24/art_83843_10388104.html.

②　马翀."绿色保险+绿色信贷"推动城乡建设绿色转型［EB/OL］.（2023-01-12）［2025-03-25］. http://www.cbimc.cn/content/2023-01-12/content_475364.html.

　　基于上述讨论，为了进一步促进企业购买保险，降低纯粹风险敞口，更好发挥保险对企业的风险保障作用，本书将以保险为目标，进一步探讨企业的纯粹风险管理决策相关问题，系统地探讨企业在不同类型的纯粹风险条件下（包括财产损失风险和责任风险）复杂的风险管理行为，从而为促进政府企业保险政策的制定和企业的风险管理决策提供参考。根据风险管理理论，企业通过购买保险为纯粹风险带来的损失进行融资。考虑到公司金融理论正是对企业的融资安排等决策进行系统研究的理论，因此，本书将从公司金融的角度来研究企业保险决策相关问题。

　　（二）理论背景

　　在公司金融研究中，企业的目标是追求企业价值最大化，因此，要探讨企业的风险管理决策，关键在于分析风险管理对企业价值的影响。在公司金融理论中，风险管理对企业价值的影响一直是学者们研究的重要主题。Modigliani 和 Miller（1958）认为，在不考虑市场摩擦的经济环境中，风险管理不会影响企业价值。然而，后续的理论研究认为无市场摩擦的假设缺乏合理性，因此，相关研究考虑了不同的市场摩擦，在更加复杂的市场环境中，讨论了针对投机风险的风险管理对企业价值的影响（Demarzo、Duffie，1991；Froot、Scharfstein、Stein，1993；Leland，1998；Purnanandam，2008；Bolton、Chen、Wang，2013）。所谓投机风险，是指既能给企业带来收益，又能带来损失的不确定性，比如市场价格的涨跌风险。然而，根据风险管理理论可知（Rejda、Mcnamara，2013），在现实中，企业还面临着另外一种重要的风险类型，即纯粹风险。纯粹风险只会给企业带来损失，而不会带来任何收益。对于纯粹风险，在公司金融框架内，一些关于企业保险需求的理论文献涉及了保险对企业价值的影响（Mayers、Smith，1987；Garven、Macminn，1993；Rochet、Villeneuve，2011）。但是，这些理论研究框架和模型假设相对简单，无法解释企业复杂的保险决策行为。Chen、Li 和 Zheng（2024）认为，在考虑附加保费的情况下，完全投保会降低企业价值，从而得出企业一定不会选择完全投保的结论。但是，他们的研究并没有系统地解释在不同风险类型条件下，企业价值相对于保险水平的复杂变化，同时，也没有考虑资本结构与保险决策之间的相互影响，无法为"保险+信贷"等保险行为提供解释。

除了财产损失保险之外，责任保险也是企业保险需求的重要组成部分。许多研究者注意到，责任保险存在需求不足的现象（Sinn，1982；Shavell，1986、2005；Dionne，2013）。这些研究者将责任保险需求不足的原因归结为判决难以执行问题（the judgement-proof problem），即在有限责任和破产法律的保护下，侵权人的资产可能不足以抵偿其对受害人造成的损害，也就是说，侵权人不会承担全部的法律成本。但是，如果投保责任保险，保险人会要求侵权人为所有的潜在损失支付保费，从而导致侵权人对责任保险的需求下降。在此基础上，这些研究者进一步指出，强制保险（Dionne，2013）、企业的最低资产要求（Shavell，2005）和政府保费补贴（Keeton、Kwerel，1984）等方式可以缓解责任保险需求不足的问题。但是，现有的研究并没有从理论上分析"保险+信贷"等信贷资金激励政策对责任保险需求的影响。

代理问题同样是公司金融理论中的重要研究主题。Jensen 和 Meckling（1976）提出了股东和债权人之间关于风险选择的代理问题，即资产替代问题。他们的研究指出，当债券发行后，股东会选择更高的风险水平，牺牲债权人的利益，以增加股东价值。在此基础上，后续的研究进一步讨论了股东与债权人之间关于风险管理决策的代理问题（Leland，1998；Purnanandam，2008；Panageas，2010）。然而，这些研究分析的主要是针对投机风险的风险管理。Chen 等（2024）首次研究了股东与债权人之间关于纯粹风险管理决策（或者保险决策）的代理问题，但是，他们的研究仅仅讨论了不同风险类型和资本结构条件下代理问题是否存在，并没有分析这种代理问题对企业最优资本结构的影响。

在公司金融理论中，股东与债权人之间的代理问题会损害债权人的利益。对于债权人来说，一种重要的保护手段就是在债券中加入保护性条款，比如保险条款（insurance covenant）和净值条款（net worth covenant）。对于债券中的保险条款，Chen 等（2024）研究发现，并非所有的债券都包含保险条款，同时，债券中的保险条款总是针对显著的风险（本书将这两种现象分别定义为"保险条款歧视"和"风险依赖"），在此基础上，他们基于对代理问题的分析，解释了风险依赖现象。但是，他们的研究假设企业只有投保和不投保两种决策，其分析和解释的适用性仍需进一步验证。此外，对于债券中的净值条款，我们注意到，相对于长期债券，净值条款在期限相对较短的债券中更加常见（Billett、King、Mauer，2007；Christensen、Nikolaev，2012），我们称之为期限依赖现象。但是，现有的研究并不能够为期限依赖现象提供解释。

基于上述背景，本书将从公司金融角度，进一步探讨在不同类型的纯粹风险条件下，保险与企业价值之间的复杂关系，以及企业的保险决策。同时，基于我们得出的理论结果，本书以环境污染责任保险为例，从公司金融角度解释责任保险需求不足（从而不得不采用强制保险制度）的原因，并分析政府保费补贴和"保险+信贷"等激励政策对企业投保环境污染责任保险的促进作用。此外，我们将对股东与债权人之间关于纯粹风险管理决策的代理问题进行拓展分析，并对一些债券条款相关行为提供解释。

二、探究企业纯粹风险管理决策的意义

本书在公司金融的框架下，讨论了企业纯粹风险管理决策的相关问题。我们可以从理论和现实两个方面来探讨其研究意义。

（一）理论意义

本书的理论意义包括以下三个方面：

第一，本书的研究发展了现有的公司金融理论。通过对理论背景的介绍可知，在当前的公司金融理论研究中，不论是风险管理与企业价值之间的关系研究，还是股东与债权人之间关于风险管理决策的代理问题研究，大多探讨的是针对投机风险的风险管理。对于纯粹风险，在公司金融的框架内，尽管一些理论文献探讨了保险对企业价值的影响，以及股东与债权人关于保险决策的代理问题，但这些研究仍然存在缺陷。因此，本书的研

究在现有理论基础上进一步拓展，丰富了现有的公司金融理论。

第二，本书的研究发展了现有的企业保险理论。我们发展了一个关于企业纯粹风险管理决策的理论分析框架，系统研究了在不同类型的纯粹风险条件（包括大小不同的财产损失风险和责任风险）下的企业保险决策，从而为现实中企业复杂的保险行为提供了理论解释。此外，结合公司金融的研究视角，我们在已有研究的基础上，进一步分析了保险决策对资本结构的影响，以及股东与债权人之间关于保险决策的代理问题对资本结构的影响，丰富和发展了现有的企业保险理论。

第三，本书发展了一个针对跳风险的风险管理分析框架。我们在经典的公司金融模型中，采用跳扩散过程来描述纯粹风险，并将纯粹风险管理纳入其中，发展了一个纯粹风险管理分析框架。我们知道，在现实中，除了纯粹风险之外，许多风险都可以采用跳扩散过程来进行描述，比如股票价格和汇率的剧烈波动。通过进一步的扩展，本书构建的纯粹风险管理分析框架也可以用于研究针对其他跳扩散风险的风险管理问题。

（二）现实意义

本书的现实意义主要包括以下两个方面：

第一，本书的研究可以为企业的纯粹风险管理决策提供指导。通过前面的分析我们知道，尽管纯粹风险给企业带来了较大的损失，但是，目前我国企业购买财产保险仍然不足，存在较大的风险敞口。基于这些情况，本书对纯粹风险管理的相关问题进行分析后发现，纯粹风险管理可以显著提升企业价值，同时，本书还系统探讨了风险类型和风险管理成本对企业保险决策的影响。这些分析和结果为企业进行纯粹风险管理提供了理论依据。

第二，本书的研究可以为我国保险政策的制定提供参考。通过前面的分析我们知道，目前我国企业在购买财产保险和责任保险方面仍然存在很多问题，从总体上来看，我国企业购买财产保险仍然不足；巨灾保险制度、环境污染强制责任保险制度仍不完善，企业获得的保障有限。基于这些问题，本书对企业的纯粹风险管理相关问题进行了系统的研究，为我国政府制定促进企业保险的相关政策提供了理论参考。

第二节 文献综述

一、投机风险管理影响企业价值的相关研究

在公司金融领域中，企业风险管理是否可以提升企业价值，一直是众多学者研究和讨论的热门问题。Modigliani 和 Miller（1958）指出，在一个没有任何经济摩擦的完美资本市场中，股东可以通过分散风险来降低自身面临的风险，企业的风险管理只会带来额外的成本，不会产生任何利益，因此，企业风险管理并不会增加企业价值，也就是说，企业不会进行风险管理。然而，我们知道，在现实中，没有任何经济摩擦的完美资本市场是不存在的。事实上，现实的市场环境要比完美市场复杂得多，在企业的融资、投资、生产和经营等各个环节，存在着税收、财务困境成本和代理成本等各种经济摩擦。后来的学者们注意到了 Modigliani 与 Miller 研究中存在的问题，在后续的研究中，放松了完美资本市场的假设，考虑了不同的经济摩擦，并在此基础上，进一步研究了投机风险管理与企业价值之间的关系。

（一）融资约束

Froot 等（1993）首次考察了当企业面临外部融资成本时，风险管理与企业价值之间的关系。他们的研究将企业面临的破产成本与代理成本都视为外生的融资成本。在此基础上，他们认为，当风险给企业带来损失时，为了缓解企业的流动性短缺，企业可以通过发行债券或者股票等外部融资方式筹集资金。然而，如果外部融资存在成本，那么，企业就可能会限制外部融资，从而导致企业不得不放弃一些有利的投资项目。如果企业选择风险管理来降低风险，就可以避免因风险造成损失而进行外部融资，从而既缓解了流动性短缺导致的投资不足，也避免了外部融资带来的成本，进而增加了企业价值。

基于 Froot、Scharfstein 和 Stein 的研究，Froot 和 Stein（1998）以及

Froot（2007）分别针对银行和保险公司讨论了其风险管理决策、资本预算决策和资本结构决策之间的相互影响，并分析了这些决策将如何影响企业价值。Rochet 和 Villeneuve（2011）在融资约束的假设下，分析了企业的流动性管理和风险管理之间的相互影响。然而，大多数研究采用的是静态模型，并没有考虑风险管理的动态调整。事实上，在现实中，企业采用金融衍生品来对冲风险，通常会频繁地调整对冲水平。基于此，后续的研究进一步发展了动态的风险管理模型。其中，Mello 和 Parsons（2000）发展了一个考虑融资约束的动态模型，讨论了企业风险管理的动态调整与流动性管理之间的相互影响以及对企业价值的影响。Bolton、Chen 和 Wang（2011）以及 Bolton 等（2013）则注意到了企业投资、融资和风险管理决策之间存在密切联系，并将这些决策纳入动态模型中，分析了企业各项决策之间的相互影响以及对企业价值的影响。此外，Holmström 和 Tirole（2000）以及 Rampini 和 Viswanathan（2010，2013）考虑了信息不对称给企业带来的融资约束。他们的研究表明，风险管理可以缓解融资约束给企业带来的不利影响，从而提升企业价值。

（二）税收

在现实中，税收既是政府财政收入的重要来源，也是政策制定者经常采用的经济调控手段。然而，在公司金融理论中，税收通常被认为是一种重要的经济摩擦。Smith 和 Stulz（1985）提出，通常企业收入税的征收采用的是累进税制，也就是说，税收函数相对于企业的收入来说是一个凸函数，因此，企业可以通过风险管理降低收入的波动，从而降低企业面临的期望税收，提升企业价值。Graham 和 Smith（1999）对现实中企业面临的税收法律进行分析后发现，许多企业面临的税收函数确实具有凸性，对于这些企业来说，风险管理的确可以降低期望税收。另外，他们还对风险管理导致企业期望税收下降的幅度进行了测算，结果表明，如果收入的波动率降低5%，期望税收将下降约5.4%。

除了具有凸性的税收函数之外，有关税收的经济摩擦还包括税盾。根据 Modigliani 和 Miller（1958）的研究，税盾的产生基于企业在偿还债券的利息时，其支付的利息是免税的。因此，对于企业来说，这些免缴的税收可以被视为一种现金流入，从而提升了企业价值。Stulz（1996）指出，风险管理可以降低企业发生损失的概率，并增加企业的债务偿付能力，进而增加企业的利息减免和企业税盾，从而提升了企业价值。Leland（1998）基于经典的权衡理论，将税盾视为企业发行债券的收益，在此基础上分析了企业的最优资本结构和风险管理策略。他们的研究认为，风险管理可以提升企业的债务偿付能力，进而给企业带来了更高的税盾，从而提升企业价值。

（三）财务困境成本

财务困境成本，通常是指企业进入财务困境状态或者处于破产清算状态时，企业必须承担的成本。财产困境成本也被称为破产成本。财务困境成本通常包括直接成本和间接成本。直接成本是指企业在破产清算时需要承担的各种成本和费用，比如法律诉讼费用和会计费用等。间接成本是指企业陷入财务困境状态，导致客户和供应商流失，或企业违反债券条款约定等情况所造成的损失。

Smith 和 Stulz（1985）指出，风险管理可以降低企业破产的概率，从而降低期望破产成本，增加企业价值。同时，他们还提到，在企业发债时，债券中通常包含了一些条款，约定企业如果进入财务困境状态，需要支付一些成本，比如，向债权人进行支付，或者要求企业改变投资策略等。风险管理避免了企业进入财务困境状态，从而降低了企业面临的财务困境成本，提升了企业价值。Stulz（1996）提出，风险管理可以降低企业发生损失的概率，避免了企业因放弃一些有利投资项目而产生损失，从而提升了企业价值。Leland（1998）除了考虑税盾的影响之外，也考虑了破产成本的影响，发现风险管理会影响企业的债务偿付能力，进而影响税盾和破产成本，从而改变企业价值。与 Leland（1998）的研究类似，Bhanot 和 Mello（2006）以及 Panageas（2010）也考虑了风险管理对税盾和破产成本的影响，不同的是，他们考虑了更加复杂的环境，包括债券中包含评级触发条款以及企业面临困境时外部相关利益方对企业的救助。Purnanandam

（2008）区分了财务困境和破产两种状态，并认为财务困境状态也会给企业带来损失，股东通过风险管理可以降低财务困境状态给企业带来的损失，从而提升企业价值。

（四）其他的经济摩擦

Myers（1977）指出，当企业处于财务困境状态时，面对一些有利的投资项目，股东可能并不愿意进行投资，这会导致企业价值下降，从而产生代理成本。事实上，这种投资不足现象的产生，是因为企业濒临破产，作为剩余索取人，股东投资这些项目的收益大都归属于债权人，从而使得股东不愿意投资。Bessembinder（1991）以及 Morellec 和 Jr. Smith（2007）指出，风险管理降低了企业进入财务困境的概率，避免了投资不足现象和代理成本的产生，从而提升了企业价值。另外，Jensen 和 Meckling（1976）指出，在债券发行后，股东可能会选择更高的风险水平，以牺牲债权人的利益为代价来提高股东价值。这一行为会导致企业价值下降，从而产生代理成本。Campbell 和 Kracaw（1990）指出，这种代理问题与企业面临的可观察风险相关。除此之外，企业还面临着不可观察的风险。当两种风险存在正相关关系时，股东选择降低可观察风险，也会导致不可观察风险降低，从而降低股东的损失。因此，在企业发债的同时约定风险管理，可以使股东受益，这也就缓解了股东提高风险的激励，从而降低了代理成本。

Demarzo 和 Duffie（1991）指出，企业通常会面临一些不易被观察到的风险，这些风险会给企业带来潜在的损失。但是，正是由于这些风险不易被观察到，股东并不了解这些风险给企业造成的损失的真实信息，因此可能会导致股东做出错误的投资决策，降低股东价值。风险管理降低了企业收益的波动，同时向股东发送了信息，有助于股东做出正确的决策，从而提升了股东价值。DeMarzo 和 Duffie 的研究的本质在于风险管理缓解了信息不对称带来的损失，类似的研究还包括 Demarzo 和 Duffie（1995）以及 Breeden 和 Viswanathan（2016）。

（五）风险管理与企业价值之间关系的实证研究

在上面的综述中，我们主要介绍了当前公司金融理论中风险管理影响企业价值的理论研究工作。然而，在公司金融理论中，还有大量的实证研究也讨论了风险管理对企业价值的影响。

早期的实证研究主要分析了企业风险管理的决定因素。比如，Nance、Smith Jr. 和 Smithson（1993）分析了税收凸性与风险管理之间的关系，他们的研究表明，如果企业面临的税收函数展现出更大的凸性，其风险管理水平会更高。但是，Tufano（1996）以及 Graham 和 Rogers（2002）并没有发现税收的凸性与企业的风险管理之间存在任何关系，相反，Graham 和 Rogers（2002）指出，税盾才是企业风险管理的重要决定因素。此外，Géczy、Minton 和 Schrand（1997）的实证研究表明，风险管理可以缓解融资约束导致的投资不足。Dionne 和 Garand（2003）发现，风险管理可以降低财务困境成本，从而提升企业价值。

在后来的研究中，大量实证研究开始关注风险管理是否能够提升企业价值。Allayannis 和 Weston（2001）分析了 1990—1995 年 720 家大型公司使用衍生品的情况。其研究结果表明，与不使用衍生品进行对冲的企业相比，使用衍生品进行风险管理的企业拥有更高的市场价值。另外，其他的实证研究，比如 Adam 和 Fernando（2006）、Carter、Rogers 和 Simkins（2006），Mackay 和 Moeller（2007），Bartram、Brown 和 Conrad（2011），Pérez-González 和 Yun（2013），赵旭（2011），郭飞（2012）等也得出了类似的结论。此外，值得注意的是，Guay 和 Kothari（2003）对 234 家美国大型企业进行分析后发现，风险管理对企业价值的影响并不显著。Jin 和 Jorion（2006）分析了 1998—2001 年 119 家美国能源企业的风险管理数据，他们发现，风险管理并不能够提升企业价值。

（六）对上述文献的评述

在前文中，我们对公司金融理论中有关投机风险管理和企业价值之间关系的研究文献进行了介绍。尽管大量的理论研究从不同的角度分析了风险管理对企业价值的影响，但是，我们认为，上述理论文献仍然存在一些局限。

第一，上述理论文献研究的是针对投机风险的风险管理对企业价值的影响。但是，投机风险与纯粹风险存在根本的差异，因此，针对投机风险所得出的结论未必能够适用于纯粹风险管理。因此，我们有必要进一步对纯粹风险管理与企业价值之间的关系进行深入探究。

第二，上面的理论研究大多假设企业风险管理采用的是与期货类似的风险管理手段，比如期货和远期等。这类风险管理工具虽然降低了企业潜在的损失，但同时也降低了企业潜在的收益。然而，在风险管理实务中，期权也是常用的风险管理工具，而期权只会降低企业面临的潜在损失，并同时保留了企业的潜在收益。我们称之为期权类的风险管理手段①。上述理论研究缺乏对于期权类风险管理手段的研究。

第三，上述理论研究通常假设风险管理是无成本的。事实上，作为一种重要的经济摩擦，风险管理成本可能会对企业价值和企业风险管理决策产生重要的影响。但是，除了少数理论文献外②，上述理论研究很少分析风险管理成本给企业价值和企业风险管理决策带来的影响。

二、关于企业财产保险需求的相关文献

Mayers 和 Smith（1982）首次系统地讨论了企业购买保险的决定性因素，主要包括以下几个方面：第一，相对于企业内部的其他权益索取人（claimholders）而言，股东和债权人在承担风险方面具有比较优势，然而，股东和债权人能够承担的风险也是有限的，因此，企业通过购买保险将风险转移给保险人；第二，保险降低了企业的破产概率，从而降低了企业面

① 保险也是期权类的风险管理工具，但保险只能用于纯粹风险管理，不能用于投机风险管理。

② 据我们所知，下面几篇文献是仅有的讨论风险管理成本的研究。Bolton 等（2011）指出，企业在利用期货进行风险管理时，通常会在保证金账户中放入现金，这就给企业带来了利息损失，产生了额外的机会成本。另外，Rampini 和 Viswanathan（2010、2013）以及 Rampini、Sufi 和 Viswanathan（2014）研究表明，企业利用有限的资金进行风险管理，会导致企业放弃一些有利的投资机会，从而产生机会成本。然而，这些研究讨论的主要是针对投机风险的风险管理，对应的成本是投机风险管理带来的风险管理成本。与之相比，我们的研究以保险为例，分析了纯粹风险管理对应的风险管理成本的影响。此外，上述研究讨论的风险管理成本都是机会成本，我们的研究分析的是另外一种类型的风险管理成本，这种成本（附加保费）的产生，是基于保险人的利润要求以及日常经营开支的需要。

临的期望破产成本；第三，保险人具有风险管理的专业知识，能够为企业提供风险管理咨询和索赔管理服务等；第四，保险人能够监督企业活动，或者通过保险条款约束企业的投资行为，从而降低代理成本；第五，税法通常对企业的财产损失或者保险费规定了税收优惠，企业购买保险能够降低期望税收；第六，受管制的企业通常需要预先估计损失，以便制定收费标准。相较于企业，保险人能够更加精确地估计企业面临的损失，因此，购买保险为这些受管制的企业节省了成本。尽管 Mayers 和 Smith 的研究系统地讨论了保险需求的决定性因素，但是，他们的研究仅仅给出了定性的分析，缺乏定量研究。

基于此，此后的研究通过构建模型①，定量考察了影响企业的保险需求。其中，Main（1983）以及 Chen 和 Ponarul（1989）讨论了美国税法中关于保险的各类税收优惠条款，考察了企业购买保险带来的税收利益，从而为企业购买保险提供了理论解释。Macminn（1987）认为，当存在破产成本时，企业有动力购买保险，因为保险可以减少或消除破产成本，从而提高企业价值。Mayers 和 Smith（1987）以及 Garven 和 Macminn（1993）则从代理理论的角度解释了企业购买保险的原因。当企业面临财务困境时，股东和债权人之间存在利益冲突，比如资产替代问题和投资不足问题。而购买保险可以使企业避免陷入财务困境，从而缓解或者消除这些代理问题。这些早期的研究从不同角度解释了企业购买保险的原因，尽管也涉及保险对企业价值的影响，但是，其理论分析框架相对简单，无法用于解释企业复杂的保险行为。

Rochet 和 Villeneuve（2011）采用了跳扩散过程来描述企业面临的纯粹风险（他们的研究称其为"泊松风险"），并讨论了企业对保险的需求。他们假设跳的大小是固定的。然而，这一假设并不合理。许多研究都指出，跳的分布会对结果产生显著的影响（Merton，1976；Kou，2002；Bollerslev、

---

① 除此之外，许多实证研究也对影响企业保险需求的因素进行了考察，比如，Mayers 和 Smith（1990），Aunon-Nerin 和 Ehling（2008），Zou 和 Adams（2008），Adams、Lin 和 Zou（2011），Cornaggia（2013），朱铭来、吕岩和奎潮（2010），李冰清、王涵、房璐和魏然（2018）。

Todorov，2011；Fu、Li、Li、Wu，2017）。此外，他们的研究并没有考虑风险管理成本，不能为复杂的保险行为提供解释。Chen 等（2024）主要关注附加保费对企业保险决策的影响，他们的研究指出，当考虑附加保费时，完全投保对应的边际价值始终为负，企业的最优保险决策一定不是完全投保。但是，他们的研究并没有系统地解释在不同风险类型条件下企业价值相对于保险水平的复杂变化，同时，也没有考虑资本结构与保险决策之间的相互影响，无法为"保险+信贷"等保险行为提供解释。

三、关于责任保险经济学和环境污染责任保险的相关研究

除了财产损失保险之外，本书以环境污染责任保险为例，探讨了企业对责任保险的需求问题。责任保险需求是责任保险经济学领域的重要主题。1886 年，责任保险首次在美国出现（Schwartz，1990）。尽管在责任保险的发展初期，利用责任保险来转移法律责任风险受到了一些学者的质疑（Fleming，1967；England，1980；Pierce，1980）[①]，但是，在现实中，责任保险早已发展成为处理侵权责任问题的一个重要工具，为被保险人提供了针对潜在诉讼风险的保障。在责任保险经济学领域内，许多学者从法律经济学的角度，基于侵权人的效用最大化，讨论了侵权人对责任保险的需求问题。比如，Shavell（1982）考虑了精算公平的责任保险，从理论上分析了不同责任原则下侵权人对责任保险的需求。在过失原则下，侵权人将选择谨慎行事，不购买责任保险。而在严格责任原则下，侵权人对责任保险的需求取决于保险人是否能观测到侵权人的事故预防活动水平。另外，该研究还指出，责任保险并不会对法律责任的运作产生不利影响，政府无须介入责任保险市场。Danzon（1985）进一步分析了医疗责任保险的需求问题，并且指出，与之前的结论不同的是，在过失责任原则下，法院在判定

---

① 正如 Dionne（2013）所言，侵权责任制度具有两个目标：公平（fairness）和威慑（deterrence）。公平目标是指侵权人需要承担侵权行为造成的损害成本，威慑目标是指威慑并阻止可能造成损害的行为。部分早期研究认为，责任保险会破坏侵权责任法律的公平与威慑目标。这是因为责任保险的风险分散机制，使得侵权人只承担了部分侵权损害索赔成本，从而导致公平目标不能完全实现。另外，侵权人未能承担损害行为产生的全部成本，导致他们不能足够谨慎以防止他人受到损害，因此，责任保险也可能会干扰侵权责任法律的威慑目标。

医生的过失时可能存在错误，为此医生需要责任保险来保护自己免受潜在的诉讼风险和经济损失威胁。另外，他还注意到了责任保险合同的特殊性，即保险人具有控制法律辩护的权利，并在此基础上，分析了医疗责任保险合同中的免赔额和共同保险比例。

特别地，一些文献注意到了责任保险与传统财产保险的一个重要差异，即在存在有限责任和破产法律的情况下，受害人受到的损害可能会超过侵权人的资产。换句话说，侵权人受到有限责任和破产法律的保护，不会承担全部的损害成本。但是，如果侵权人投保责任保险，保险人会要求被保险人为所有的损失支付足额保费，因此，侵权人的投保意愿下降，从而降低保险水平或者选择不投保（Sinn，1982；Huberman、Mayers、Smith，1983；Keeton、Kwerel，1984；Shavell，1986、2005）。此外，这些文献还提出，强制保险是解决责任保险需求不足的重要手段。其中，Sinn（1982）指出，当管理成本足够低时，引入强制保险可以提升社会福利。Shavell（1986）指出，如果保险人能够观察到侵权人的注意水平（level of care）并相应调整保费，那么，强制保险可以激励侵权者实施有效率的注意。另外，Shavell（2005）还指出，强制保险和对侵权人的最低资产要求都可以激励侵权人谨慎行事，但当保险人可以观察到侵权人的注意水平时，强制责任保险能够更好地激励侵权人降低事故风险。

另外，一些文献从信息经济学的角度，针对环境污染责任保险开展了相关研究。其中，Laffont（1995）以及 Boyer 和 Laffont（1997）基于信息不对称的委托代理模型，认为在有限责任的情况下，企业没有激励购买足够的保险来转移环境污染责任风险，这时引入强制保险可以解决保险需求不足的问题。Boyer 和 Porrini（2008）以及黄鹤菲和米运生（2024）利用不完全信息动态博弈模型，讨论了当政府实施强制保险时，企业与保险人之间的最优责任分摊比例。此外，张伟等（2014）以及王康和孙健（2016）从传统的生产者行为理论出发，分别指出企业污染程度和政府的环境规制力度会提高企业对环境污染责任保险的需求。

除了上述的理论研究外，一些实证研究检验了环境污染责任保险对企业生产经营的影响，比如，企业的环境治理绩效（Yin、Kunreuther、White，2011；Chen、Ding、Lou、Song，2022；Lyu、Xie、Li，2022）、企业的投融资（宁金辉、苑泽明，2020；李敏鑫、朱朝晖、罗文波，2021；胡珺、穆颜如，2022）、信息披露（李敏鑫、王江寒，2021）、经营风险（朱朝晖、李敏鑫、王江寒、罗文波，2021）。另外一些研究从法律实践和保险实务的角度，定性地分析了环境污染责任保险面临的问题。比如，Abraham（1988、1993）指出，环境法律责任的扩大以及对保险合同解释的争议，限制了环境污染责任保险的发展。Kunreuther（1987）和Cuddihy（2000）认为，环境污染责任风险难以预测和评估，导致保险公司难以确定合理的保险费率。Zweifel和Tyran（1994）以及Richardson（2002）则分析了道德风险和逆向选择对环境污染责任保险市场带来的挑战。特别地，一些学者关注了我国环境污染责任保险的制度建设（李雪松、孙博文，2014）、法律规范（王小江、冯文丽，2013；程玉，2018）、发展与试点现状等（李文玉、郭权、徐明，2020）。

基于上述分析可知，现有的关于责任保险需求的理论研究主要从经济学的角度（包括法律经济学、信息经济学和传统的生产者行为理论）出发，基于侵权人的效用最大化或者企业预期利润最大化，分析侵权人对责任保险的需求。特别地，这些研究指出，强制保险、对企业的最低资产要求和政府保费补贴等方式可以缓解责任保险需求不足的问题。但是，现有的研究并没有从理论上分析信贷资金激励对责任保险需求的影响。相比之下，本书从公司金融的角度，基于公司价值最大化，讨论公司对责任保险的需求。我们的研究从理论上证实了强制保险、政府保费补贴以及"保险+信贷"可以有效促进企业对环境污染责任保险的需求。

四、关于风险管理决策代理问题的相关研究

在Jensen和Meckling（1976）的研究中，首次提出了资产替代问题（asset substitution），即当债权人购买了企业发行的债券之后，股东可能会选择更高的风险水平，以牺牲债权人的利益为代价来提高股东价值。这一

行为会导致企业价值下降，从而产生代理成本。在此基础上，后续的研究进一步构建模型，定量分析了这种代理问题的影响，并讨论了如何缓解股东与债权人之间的代理问题（Chesney、Gibson - Asner，2001；Mauer、Sarkar，2005；Vanden，2009；Hirth、Uhrig-Homburg，2010）。然而，这些研究并没有关注股东与债权人之间关于风险管理的决策是否存在代理问题。

基于 Jensen 和 Meckling 的研究，Smith 和 Stulz（1985）首次提出，在企业发行债券之后，风险管理可能并不符合股东的利益，股东关于在发行债券后进行风险管理的承诺并不可信。同时，他们的研究提出了缓解代理问题的措施，比如，当债券的期限较短时，股东会为了维护企业的声誉而进行风险管理；或者在债券中加入相应条款，提高股东面临的违约成本，激励股东进行风险管理。不过，该研究仍然只给出了定性的分析，没有定量的讨论。

基于此，后续的研究定量考察了股东与债权人之间关于风险管理决策的代理问题。比如，Leland（1998）首次将代理理论与资本结构理论结合，讨论了风险管理对企业价值和资本结构的影响。根据风险管理决策是否在企业发债时做出，他定义了事前决策和事后决策两种模式。他的研究表明，相对于事前决策，如果风险管理决策在债券发行之后做出，最优企业价值、风险管理水平和杠杆率都会下降。这一结果从理论上证实了 Jensen 和 Meckling（1976）以及 Smith 和 Stulz（1985）的分析。Bhanot 和 Mello（2006）讨论了债券中的评级条款对股东与债权人关于风险管理决策的代理问题的影响。债券中的评级条款规定，当企业信用评级下降到某一约定水平时，股东需要承担一定的成本，比如提前偿还债务或者提高票面利率等。这种债券条款给股东施加了额外的成本，缓解了股东与债权人关于风险管理决策的代理问题。Purnanandam（2008）则考虑了企业可能面临的财务困境状态对股东与债权人关于风险管理决策的代理问题的影响。他的研究表明，当企业进入财务困境状态时，股东可能会因为客户和供应商流失、违背债券条款以及放弃一些有利的投资项目等而承担损失。这些损失给予股东选择风险管理的激励，从而缓解了股东与债权人之间的代理问题。Panageas（2010）考虑了外部利益相关者或者企业的债权人在企业濒临破产时给予企业的救助，这一行为提高了股东在债券发行后提高风险的激励，恶化了股东与债权人之间关于风险管理决策的代理问题。

需要指出的是，上述文献讨论的股东与债权人之间关于风险管理决策的代理问题，都是针对投机风险的风险管理。Chen 等（2024）首次研究了股东与债权人之间关于纯粹风险管理决策（或者保险决策）的代理问题，但是，他们在分析关于保险决策的代理问题时，外生地假设企业只有投保和不投保两个状态，并且忽略了这种代理问题对企业资本结构的影响。

五、关于债券中保险条款与净值条款的相关研究

（一）保险条款

大量的研究指出，通过在债券中加入相应的保护性条款，可以保护债权人的利益（陈超、李镕伊，2014；史永东、田渊博，2016；Jensen、Meckling，1976；Myers，1977；Morellec，2001；Chava、Roberts，2008；Gârleanu、Zwiebel，2009；Zhang、Zhou，2018）。然而，相对于其他条款来说，对于债券中保险条款的研究相对较少。其中，基于 Jensen 和 Meckling（1976）以及 Myers（1977）的研究，Smith 和 Warner（1979）首次对债券中各种保护性条款进行了详细的分析。他们指出，保险人在监督企业活动方面具有比较优势，通过在债券中加入保险条款，可以确保股东或者管理层采取相应的损失控制措施，以达到保护债权人的目的。后续的文献进一步从代理问题的角度，解释了债券中加入保险条款的必要性。当企业处于财务困境时，股东与债权人之间存在利益冲突，体现为资产替代问题（Mayers、Smith，1982；Macminn，1987）和投资不足问题（Mayers、Smith，1987；Garven、Macminn，1993；Hau，2007），在债券中加入保险条款可以缓解或者消除财务困境下的代理问题。与上述研究不同，Chen 等（2024）首次讨论了股东与债权人关于保险决策（对保险条款的约定）的代理问题，基于对代理问题的分析，他们的研究解释了保险条款总是针对显著风

险的原因。然而，他们的研究假设企业只有投保或者不投保两个决策，限制了其分析和解释的适用性。

（二）净值条款

债券中的净值条款规定，当企业的资产价值低于约定的水平（通常为企业的债务水平）时，债权人有权利要求企业破产清算，以保护自身利益。许多研究都曾提到（Billett 等，2007；Christensen、Nikolaev，2012），相对于长期债券来说，净值条款在期限相对较短的债券中更加常见，我们将这种现象称为期限依赖。在本书的研究中，我们将为期限依赖现象提供解释。在这里，为了明确本书相关研究的意义，我们将对有关净值条款的研究进行一下简要梳理。

关于净值条款的研究很早就已展开，比如，Black 和 Cox（1976）拓展了 Merton（1974）的研究，分析了有净值条款债券的定价问题。类似的研究还包括 Longstaff 和 Schwartz（1995）以及 Briys 和 De Varenne（1997）。Purnanandam（2008）分析了当企业发行有净值条款的债券时，股东与债权人之间关于风险选择的代理问题。此外，据我们所知，Leland（1994）以及 Toft 和 Prucyk（1997）的论文是仅有的两篇对有净值条款债券和无净值条款债券进行比较的文献。其中，Leland（1994）分析了债券中是否包含净值条款对最优企业价值和最优杠杆率的影响。其研究结果表明，相较于有净值条款的债券，无净值条款的债券对应的最优企业价值和最优杠杆率更大。Toft 和 Prucyk（1997）则指出，相较于有净值条款的债券，无净值条款的债券对应的股东价值更大。

通过上面的分析，我们可以知道，尽管上述研究对债券中净值条款的相关问题进行了分析，但是很少有研究能够为期限依赖现象提供解释。

第三节　企业纯粹风险管理决策的分析方法与研究框架

在前文中，我们对相关的研究文献进行了梳理，并指出了这些研究文献中存在的一些亟待解决的问题。本书将基于这些问题进一步展开研究。然而，要针对上述文献存在的问题进行研究，还需要采用合适的方法以及明确的研究思路和框架。基于此，在本节中，我们将对本书采用的研究方法、研究思路和逻辑框架进行详细的介绍。

一、企业纯粹风险管理决策的研究方法

本书采用的研究方法主要包括文献研究法、定性分析法、定量分析法以及跨学科研究法。下面，我们分别来进行介绍。

第一，文献研究法。在开展本书的相关研究之前，我们阅读了大量的文献。通过对这些文献进行归类、整理和分析，我们找出了这些文献中存在的问题。比如，尽管现有理论文献涉及了纯粹风险管理对企业价值的影响，但是这些文献并没有解释在不同类型的纯粹风险条件下，保险与企业价值之间的复杂关系，无法系统解释在现实中企业复杂的保险行为。针对已有文献中存在的问题和缺陷，本书将进一步展开研究。

第二，定性研究法。在开展定量研究之前，需要借助定性分析法帮助我们明确研究问题、确立研究假设以及重要的影响因素。比如，凭借对企业风险管理行为的观察，我们发现，在现实中，企业在面对不同类型的纯粹风险时，通常采用不同的保险决策。我们认为，在不同类型的纯粹风险条件下，保险与企业价值之间的关系存在显著差异，二者复杂的关系导致了企业复杂的保险决策。基于此，我们对风险管理和企业价值之间的关系展开研究。

第三，定量研究法。通过定性分析，我们对变量间的影响机制有了初步认知，随后本书构建了企业保险决策模型，进一步对变量之间的影响机

制进行定量分析。我们分析并展示了在不同类型的纯粹风险条件下，保险与企业价值之间的复杂关系；量化了保险对企业杠杆率的影响；计算了考虑风险管理成本时企业的最优保险水平以及股东与债权人之间关于保险决策的代理成本的大小。

第四，跨学科研究法。本书涉及的研究领域较为广泛，我们的研究建立在经典的公司金融理论（如资本结构理论和代理理论）基础之上，同时，利用资产定价理论构建理论模型，采用了包括边际分析在内的经济学分析方法，为现实中各种复杂的保险行为提供了经济学解释。

二、企业纯粹风险管理决策的研究框架

本书的研究主题是公司金融视角下企业纯粹风险管理决策。我们关注的主要问题包括纯粹风险管理对企业价值的影响、风险管理成本的大小以及股东与债权人关于保险决策的代理问题等。为了分析这些问题，本书遵循以下思路和框架展开研究。

在第一章中，我们主要阐述了研究的背景和研究的意义，明确了研究主题的重要性。在了解了研究背景和意义之后，我们提出了本书的研究需要解决的问题。此外，对于相关的文献，我们进行了阅读、整理、归类和比较，并指出了当前研究中存在的问题。最后，我们介绍了本书主要的创新与存在的不足之处。

在第二章中，我们对一些有关纯粹风险和纯粹风险管理的基本知识进行了简要介绍。其主要内容包括纯粹风险的定义和分类、纯粹风险给企业带来的影响、纯粹风险的特征，以及纯粹风险管理的三个环节（识别纯粹风险、度量纯粹风险和管理纯粹风险）。本书第二章的介绍，将有助于读者理解本书后续的研究。

在本书的第三章中，我们给出了基本的模型设定，包括企业资产价值的变化、企业债务发行和破产假设等。在此基础上，我们求解了企业价值和债券价值的表达式，并分析了企业风险管理决策的最优化问题。通过第三章的研究，我们构建了纯粹风险模型和纯粹风险管理模型，从而为后续的研究提供了分析框架。

本书的第四章和第五章，主要分析了纯粹风险管理对企业价值的影响，以及企业的最优风险管理策略，为现实中企业复杂的保险决策行为提供了解释。在第四章中，我们假设风险管理是没有成本的。在此基础上，按照风险类型，我们分别讨论了纯粹风险管理与企业价值之间的关系以及企业的最优风险管理决策，并研究了保险决策对企业最优资本结构的影响。在此基础上，运用理论分析结果，我们分析了对于环境污染责任保险采用强制保险制度的原因。第五章的分析进一步考虑了风险管理成本对企业价值和企业风险管理决策的影响，得出的理论结果为现实中企业的部分投保、小风险条件下的风险自担等保险行为提供了解释。同时，该部分针对责任保险展开进一步研究，探讨了政府保费补贴和"保险+信贷"对于企业投保环境污染责任保险的促进作用。

第六章进一步扩展了纯粹风险管理模型，审视了股东与债权人之间关于保险选择的代理问题。具体来说，根据保险是否在企业发债的同时进行约定，我们定义了事前决策和事后决策两种决策模式，在此基础上，分析了股东与债权人关于保险选择的代理问题的存在性，以及代理问题对企业最优资本结构的影响。

第七章的研究主要是对前期分析结果的运用。我们利用本书的前期研究结果，解释了与债券条款相关的行为。首先，对于债券中的保险条款，我们利用本书对于股东与债权人之间关于保险决策的代理问题的分析结果，从代理理论的角度解释了保险条款歧视和风险依赖现象。另外，对于债券中的净值条款，我们注意到了期限依赖现象。利用之前建立的纯粹风险模型，我们对期限依赖现象也给出了理论解释。

第八章是对本书研究内容的总结和对未来研究的设想。图 1.2 描绘了本书的研究逻辑框架。

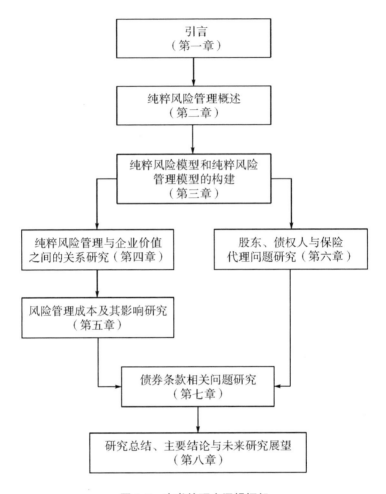

图 1.2　本书的研究逻辑框架

第四节　本书的创新与不足

在上一节中，我们介绍了本书的研究方法、研究思路和逻辑框架。在本节，为了方便读者更好地理解本书的研究，我们将进一步介绍本书的创新与不足之处。

一、创新之处

本书的创新之处主要包括以下四个方面：

第一，本书在公司金融理论的框架下，进一步从理论上系统地研究了纯粹风险管理对企业价值的影响。在公司金融理论中，尽管许多理论研究探讨了风险管理对企业价值的影响，然而这些研究大多分析的是针对投机风险的风险管理。对于纯粹风险，一些关于企业保险需求的理论文献涉及了保险对企业价值的影响，但是，这些研究并不能够系统地解释在不同类型的纯粹风险条件下保险水平与企业价值之间的复杂关系，从而难以解释在现实中企业复杂的保险行为。基于此，本书对经典的结构模型进行了扩展，采用了单侧的跳扩散过程来描述企业面临的风险，同时，将纯粹风险管理内生到结构模型中，从而构建了纯粹风险管理模型。在此基础上，本书系统地研究了纯粹风险管理与企业价值之间的关系，补充了公司金融理论中关于风险管理对企业价值的影响的相关文献。

第二，本书首次从公司金融角度分析了企业对责任保险的需求，发展了现有的责任保险经济学理论。责任保险需求是责任保险经济学中的重要主题。但是，现有的理论研究主要是从经济学角度（包括法律经济学、信息经济学和传统的生产者行为理论），基于侵权人的效用最大化或者企业利润最大化来分析侵权人对责任保险的需求。特别地，这些研究指出，受到有限责任和破产法律的保护，侵权人对责任保险的需求不足，采用强制保险、最低资产要求和政府保费补贴等措施可以缓解责任保险需求不足的问题。但是，这些研究并没有从理论上分析信贷资金激励对责任保险需求的影响。相比之下，本书以环境污染责任保险为例，从公司金融角度，基于公司价值最大化来分析企业对责任保险的需求，并指出破产成本相对于税盾的显著影响是企业不愿意购买责任保险的原因。此外，本书进一步从理论上分析并证实了强制保险、政府保费补贴和"保险+信贷"对于企业投保责任保险的促进作用。

第三，本书进一步丰富了关于股东与债权人代理问题的理论研究。根据前文可知，尽管许多研究分析了股东与债权人之间关于风险管理决策的代理问题，但是，这些研究主要讨论的是针对投机风险的风险管理。Chen 等（2024）虽然研究了股东与债权人之间关于纯粹风险管理选择的代理问题，但是，他们的分析假设企业只有投保和不投保两种选择，并忽略了代理问题对资本结构的影响。基于此，本书进一步从理论上研究了股东与债权人之间关于纯粹风险管理的代理问题，特别是探讨了这种代理问题对企业资本结构的影响，丰富和发展了股东与债权人代理问题的理论研究。

第四，本书从理论上分析和解释了一些债券中的保险条款和净值条款行为。Chen 等（2024）首次提出，并非所有债券都包含保险条款，同时，债券中的保险条款总是针对显著的风险类型（本书将这两种现象分别称为"保险条款歧视"和"风险依赖"），并且，他们基于对代理问题的分析解释了风险依赖现象。但是，他们的研究假设企业只有投保和不投保两种决策，从而限制了其分析和解释的适用性。本书放松了他们关于保险决策的假设，进一步分析和验证了他们的结果，为保险条款歧视与风险依赖现象提供了解释。另外，对于债券中的净值条款，本书经研究发现，相对于期限较长的债券，净值条款在期限相对较短的债券中更加常见。利用前期建立的理论分析框架，本书首次为期限依赖现象提供了理论解释。

二、不足之处

在前面的分析中，我们讨论了本书的主要创新点。然而，需要指出的是，尽管我们的研究有不少的贡献和亮点，但是，本书仍然存在一些不足，需要在将来的研究中加以完善和弥补。

第一，在本书构建的纯粹风险模型和纯粹风险管理模型中，我们采用了静态的模型设定。具体地，我们假设，股东和债权人在初始时刻选择风险管理水平和债务水平以最大化企业价值。在后续的研究中，我们将会指出，对于企业财产保险来说，这一假设是合理的。这是因为，在保险实务中，企业的保险决策通常在企业开始融资的时候就已经做出，特别地，有的企业甚至会在发行的债券中直接加入保险条款。此外，保险决策一旦做出，在未来很长的一段时间内，企业的保险水平将会保持相对稳定。然而，如果将我们的研究推广到金融风险管理中，考虑到在风险管理实务中，企业会频繁地使用金融衍生品，此时，采用动态模型或许更加合适。

第二，本书不能求出完全的解析解。我们将纯粹风险和纯粹风险管理纳入结构模型中，在此基础上，对债券价值和企业价值进行了估值。然而，需要指出的是，在本书中，对债券价值和企业价值的估值，可以看作是对美式期权定价。我们知道，美式期权的定价，很难得出解析解。在本书中，我们只能求出一个半解析的定价结果。换句话说，企业价值和债券价值的表达式依赖于一个反映企业资产风险收益特征的方程。由于不存在解析解，我们不能对纯粹风险管理与企业价值之间的关系进行解析分析，只能给出数值分析，这就使得我们需要给出许多数值例子来说明结果的稳健性，从而导致本书的分析过程较为冗长和繁琐。

第三，在本书建立的模型中，我们假设了指数型的纯粹风险管理方式。在后文中，我们将指出，之所以做出这样的假设，是为了更加方便地求解企业价值和债券价值的表达式。然而，这一假设限制了我们对于一些现实中保险问题的分析，比如，在这种指数型的风险管理方式假设下，我们很难去分析比例投保和免赔额等问题。

第二章　纯粹风险管理概述

纯粹风险是企业在日常的生产经营活动中面临的一种重大风险。慕尼黑再保险公司发布的《2024 年自然灾害损失记录报告》显示①，2024 年，全球自然灾害造成的损失约为 3 200 亿美元。面对如此巨大的经济损失，如果不能采取恰当的风险管理措施，企业自身的正常生产经营活动无疑会受到重大影响，在严重的情况下，企业生产过程甚至会出现中断，导致企业破产。要采取恰当的风险管理措施，企业首先需要对纯粹风险的种类及其影响和特征有深入的了解，同时，对于常用的纯粹风险管理手段，也需要全面掌握。另外，考虑到在本书后续的研究中，我们对纯粹风险管理进行了系统的研究，因此，在此之前，有必要对纯粹风险和纯粹风险管理等基本知识进行介绍，这将有助于增进读者对后续研究的理解。基于上述原因，在这一章中，我们将分别对纯粹风险和纯粹风险管理的相关知识进行概述。

第一节　纯粹风险

为了更好地研究纯粹风险管理，我们首先需要对纯粹风险有深入的了解。基于此，在本节中，我们将介绍一下有关纯粹风险的基础知识，包括

---

① 杨然. 慕尼黑再保险发布 2024 年自然灾害损失记录报告：去年全球自然灾害造成约 1 400 亿美元保险损失［EB/OL］.（2025－01－17）［2025－03－27］. https://finance.sina.com.cn/jjxw/2025－01－17/doc-ineffyqz5937529. shtml.

纯粹风险的定义与分类、纯粹风险的影响以及纯粹风险的特征。

一、纯粹风险的定义与分类

纯粹风险，通常是指只会带来损失而不会产生任何收益的风险。按照纯粹风险损害的对象，我们通常可以将企业的纯粹风险分为财产损失风险和责任风险。在这里，我们需要强调的是，尽管纯粹风险包括财产损失风险和责任风险，但是，本书后续的研究所讨论的纯粹风险，主要是指财产损失风险。

财产损失风险，是指自然环境或者人为因素导致的企业资产的损毁和灭失。自然环境因素导致的风险，最为人所熟知的是自然灾害，包括地震、洪水、飓风和干旱等。而人为因素导致的财产损失风险，比如，企业财产被盗窃；由于人为管理不当，造成火灾；或者是政治环境不稳定，导致企业财产被外国政府没收等。

责任风险，是指企业的生产经营活动，或者是企业生产的产品，对其他经济主体造成了人身伤害和财产损失而必须承担赔偿责任的风险。比如，企业的雇员在企业的生产经营过程中，由于工作原因受到人身伤害，企业应承担相应的赔偿责任；此外，企业生产的不良产品对使用该产品的客户造成了伤害，企业需要承担法律赔偿责任。

另外，按照风险带来的影响，我们可以将纯粹风险分为个别风险（individual risk）和基本风险（fundamental risk）。个别风险通常是指影响少数经济主体的纯粹风险，比如，一个企业可能面临的火灾就是个别风险。与个别风险相对应，基本风险是指能够同时给许多人和企业造成损害的纯粹风险。最为典型的基本风险就是自然灾害，如地震、飓风和洪水等。

二、纯粹风险的影响

企业面临的纯粹风险，包括财产损失风险和责任风险。这些风险不仅会带来直接的财产损失，还会导致间接损失。事实上，在企业的生产经营活动中，间接损失有着十分重大的影响，是企业进行风险管理的一个重要驱动因素。

首先,对于财产损失风险来说,其直接财产损失通常包括企业财产价值的下降以及修复和重置成本。财产损失风险所导致的间接损失主要体现在以下几个方面:

第一,企业收益或利润的损失。当企业的生产性资产,比如生产设备和厂房等,在受到财产损失风险的影响时,企业就不能正常开展生产经营活动,这会导致企业利润出现下降,在严重的情况下,企业的生产甚至会完全中断,企业利润完全消失。同时,即便在纯粹风险的影响下,企业的生产经营被迫完全中断,但是,按照原先的合同或计划,企业仍然要支付经营费用,比如,员工工资和厂房设备的租金。在现实中,这种收入和利润下降的风险,通常也被称为营业中断风险。

第二,额外经营费用。当企业的生产能力下降或者丧失之后,企业原有的客户可能会转向其他厂商或寻求替代产品。这时,即使企业修复和重置了损坏的设备,恢复了正常的生产经营活动,这些客户也很难再回来。换句话说,这种情况对企业造成了持续性的影响,产生了高昂的成本。为了防止客户流失,降低这种潜在损失,企业需要维持自身的生产,为此,企业不得不支付许多额外的费用,比如花费高昂的费用租赁生产设备,以维持企业的正常运转。

第三,更高的融资成本和由此放弃有利的投资项目所带来的机会成本。在受到损失之后,企业往往会通过一些外部的融资渠道来缓解企业的资金需求,比如,寻求贷款、发行债券或者股票。如果企业受到了较大的损失,其违约风险或者破产风险较高,那么,即使投资者愿意接受该公司的债券或者股票,他们也会要求较高的投资回报,也就是说,企业面临的融资成本将会很高。同时,由于融资成本较高,企业将不得不缩减资金需求,从而导致企业放弃一些原本有利可图的投资项目。

第四,破产成本。如果企业受到极端纯粹风险的影响,并形成了很大的财产损失,那么,企业可能会直接选择破产清算。当企业破产时,通常需要支付法律诉讼费用、管理费用和会计费用等,这些费用支出构成了企业的破产成本。

其次，对于责任风险而言，其直接损失通常包含对受害方或者受损方的赔偿费用，以及责任诉讼中的法律费用。责任风险导致的间接损失主要体现在以下几个方面：

第一，公司声誉受损，导致收入下降和支出增加。比如，当发生责任风险时，相关的责任诉讼可能会损害公司的声誉。一方面，公司声誉变差会导致其产品销售额下降，进而导致企业收入和利润下降；另一方面，为了挽回公司的声誉，公司将不得不支付更多的广告营销费用，企业收入和利润的下降，以及更多的营销费用支付，共同构成了企业面临的间接损失。

第二，如果发生产品责任风险，那么，企业通常会召回问题产品，这就产生了回收费用。另外，如果产品本身存在固有问题，那么，企业很可能会放弃问题产品的生产，转而生产其他替代产品，这意味着企业要放弃问题产品的所有前期投入，从而产生高昂成本。

第三，如果企业的雇员由于工作原因受到人身伤害，企业除了按照约定或者福利计划对其进行补偿之外，还需要寻找替代职员。如果其他雇员难以胜任该职员的工作，可能会导致生产停滞，从而给企业带来损失。

第四，如果责任风险带来的损失过大，使得企业需要进行外部融资，与财产损失风险类似，企业可能会面临更高的融资成本。同时，如果企业承担不了损失而不得不选择破产清算，还需要支付破产成本。

三、纯粹风险的特征

纯粹风险是指只会带来损失而不会产生任何收益的风险。然而，与纯粹风险相对应，企业通常还面临着另外一种风险，我们称之为投机风险，这种风险既可能给企业带来收益，也可能造成损失，比如，企业使用的原材料和产品面临的价格风险。从纯粹风险和投机风险的定义可以看出，二者具有不同的特征。那么，相应地，针对这两种风险，企业通常会采用不同的风险管理手段。基于此，为了方便我们理解纯粹风险管理，在这一部分，我们将通过对比分析纯粹风险与投机风险来详细介绍纯粹风险的特征。

纯粹风险的特征主要体现在以下几个方面：

第一，不管是纯粹风险给企业带来的财产损失，还是企业面临的责任赔偿损失，其数额相对于企业自身的资产来说通常较大。与之相比，对于投机风险来说，尽管也存在一些极端情形，比如，当金融危机来临时价格剧烈波动，但是，通常来说，投机风险给企业带来的损失相对于企业本身的资产来说并不会太大。在这里，需要指出的是，正是考虑到纯粹风险和投机风险的这一特征，在本书后续建立的纯粹风险和纯粹风险管理模型中，我们分别使用扩散过程和跳扩散过程来描述投机风险和纯粹风险。

第二，对于纯粹风险来说，企业通常可以通过采用各种控制措施来影响纯粹风险发生的原因，从而降低潜在的损失。比如，企业可以加强对生产过程的监控，降低火灾发生的可能性；另外，企业可以聘请优秀的律师，降低企业因为责任风险而面临法律诉讼的可能性。相比之下，对于投机风险来说，企业通常难以影响投机风险发生的原因，比如，企业面临的汇率和利率风险、市场的供求状况等。

第三，针对纯粹风险，企业通常可以通过购买保险来降低潜在的损失。但是，一般而言，企业不能利用保险来降低投机风险带来的损失。投机风险既可能给企业带来收益，也可能给企业带来损失。考虑到这一特征，企业通常会使用金融衍生品来降低投机风险，比如，远期合约和期货合约。

第四，企业可能因为纯粹风险而遭受损失，同时，其他经济主体并不会因此而受益。相反，投机风险在给企业带来损失的同时，可能会给其他经济主体带来收益，比如，人民币对外币汇率的下降，会损害中国进口企业的利益，但同时也会给中国出口商带来收益。

第二节　纯粹风险管理

在上一节中，我们对企业面临的纯粹风险进行了简要介绍，讨论了纯粹风险的定义和分类、纯粹风险对企业的影响以及纯粹风险的特征。通过前面的论述我们知道，企业可以采用纯粹风险管理手段来降低纯粹风险带来的潜在损失。考虑到对于纯粹风险管理的了解将有助于读者理解本书后续的研究，因此，在本节中，我们将对纯粹风险管理进行详细介绍。

一、识别与度量纯粹风险

首先，我们给出企业纯粹风险管理的定义。一般来说，企业的纯粹风险管理，是指企业通过识别、度量和管理纯粹风险，以最小的成本将潜在损失降低到最低限度的过程。考虑到在纯粹风险管理的过程中，识别和度量纯粹风险这两个环节很重要，同时，管理纯粹风险是整个纯粹风险管理过程中非常复杂的环节，因此，在本部分，我们对纯粹风险的识别和度量进行简要介绍。关于如何管理纯粹风险，我们将在下一小节进行详细分析。

识别纯粹风险，简单来说，就是找出企业面临的纯粹风险，并考虑该风险会给企业带来哪些潜在损失。事实上，如果企业承受了未被识别的风险，这往往会给企业带来较大的损失，因此，企业有必要对其面临的风险类型进行全面的了解。通常来说，企业可以通过多种手段来对纯粹风险进行识别，比如，向专业的风险管理机构进行咨询、分析企业的财务报表，以及与企业的管理层和员工进行沟通等。对于企业面临的常见纯粹风险，以及这些风险带来的影响，我们已经在上一节中进行了详细的介绍，这里不再赘述。

企业识别到纯粹风险之后，还需要对其面临的纯粹风险的大小进行度量。只有当企业对纯粹风险进行了准确的度量，形成了正确的定量认识之后，才能选择恰当的方法来管理纯粹风险。通常来说，风险度量包括两个方面，一个是风险发生的概率，另一个是风险造成的次均损失的大小。在本书后续建立的纯粹风险和纯粹风险管理模型中，我们正是采用了概率和单次风险发生带来的平均损失来刻画纯粹风险的。

二、如何进行纯粹风险管理

在前面的分析中，我们介绍了纯粹风险管理过程的前两个环节，即识别和度量纯粹风险。根据纯粹风险管理的定义，在识别和度量纯粹风险之后，企业会对纯粹风险进行管理。通常来说，企业会针对不同类型的纯粹风险，选择合适的风险管理方法并予以执行。显然，管理纯粹风险，最为关键的步骤就是选择合适的风险管理方法。因此，在这一部分，我们将对企业常用的纯粹风险管理方法进行介绍。

在风险管理实践中，企业常用的纯粹风险管理方法包括风险控制和风险融资。下面，我们分别进行介绍。

风险控制是指企业采取相应的措施，降低风险发生的概率或者风险发生所造成的损失。在现实中，企业经常采用的风险控制手段包括风险规避和风险预防。风险规避是指企业减少可能会导致纯粹风险发生的相关活动。比如，企业生产的不良产品可能会导致责任诉讼，那么，企业可以通过减少该产品的生产或者停止生产该产品来避免责任风险的发生。但是，需要指出的是，企业也同时放弃了从生产和销售该产品中可能获得的利润。风险预防是指企业采取措施，提高针对相应风险的预防能力。比如，企业可以对员工进行专业的培训，避免雇员在工作中受到伤害；企业也可以安装更加先进的防火喷淋系统，降低甚至避免火灾带来的损失。

尽管风险控制可以降低企业面临的潜在损失，但是，在现实中，许多企业，特别是中小型企业，缺乏风险管理的专业知识，因此，这些企业不一定能采取恰当的风险控制措施。同时，采用一定的风险控制措施，企业通常需要支付较大的成本，比如，安装先进的防火设备意味着较高的费用支出。因此，在现实中，风险融资是更加常见的纯粹风险管理方式。接下来，我们将对风险融资进行介绍。

一般来说，风险融资是指企业通过内部融资或者外部融资等渠道获取资金，以支付或补偿企业的损失。企业风险融资的主要手段包括风险自留和购买保险。其中，风险自留是指企业自己承担部分或者全部的损失。在现实中，企业可以通过建立流动性储备，或者发行债券和股票等方式为自留损失融资。然而，建立流动性储备，意味着企业可能会放弃一些原本可以选择的有利投资机会。此外，当纯粹风险造成损失之后，企业通过发行债券和股票进行融资对应的融资成本通常较高。因此，在风险管理实务中，更为常见的一种风险融资手段就是购买保险。通常来说，企业可以向保险人支付一笔保险费，并在纯粹风险发生时，通过保险人支付的赔偿金为损失融资。

在这里，考虑到本书后续的研究将讨论企业支付的保险费对其保险决策的影响，因此，我们有必要对保险费进行详细介绍。一般来说，企业支付的保险费包含两个部分，即纯保费和附加保费。其中，纯保费也称为精算公平保费，是指期望赔付的现值。附加保费是指保险人收取的总保费中高于纯保费的部分。在现实中，保险人收取的附加保费通常被用于形成保险人的利润，以及支付保险人的日常经营支出，比如，支付保险代理人的佣金、员工薪酬、税收、办公费用以及法律诉讼费用等。从经济学的角度来看，附加保费本质上是一种经济摩擦。根据斯凯博（1999）的研究，附加保费在总保费中的占比通常为10%到50%。换句话说，作为一种重要的经济摩擦，附加保费会显著影响保险的价格（Harrington、Niehaus，2003）。

最后，需要指出的是，企业购买保险，实际上是通过合约将风险转移给其他主体（保险人）。事实上，企业也可以通过一些非保险合同转移风险，比如，在承包合同中通常包含着转移风险的条款，约定承包商应当承担的损失。

第三章　纯粹风险模型和纯粹
风险管理模型的构建

在上一章中，我们对纯粹风险和纯粹风险管理进行了详细介绍。接下来，在本书后续的研究中，我们将对企业纯粹风险管理的相关问题进行系统的研究。为了研究纯粹风险管理，在本章中，我们首先需要构建纯粹风险模型和纯粹风险管理模型。

在构建模型之前，需要说明的是，公司金融领域内的相关研究可以从以下几个方面为我们的研究提供借鉴。

第一，有关结构模型的研究。Merton（1974）最早提出了结构模型，他假设企业资产价值服从扩散过程，同时，将企业发行的债券和股票看作是以企业资产价值为标的的或有权益（contingent claim），在此基础上，他讨论了企业债券的信用风险问题。后续的研究，比如，Leland（1994）以及 Leland 和 Toft（1996），在 Merton 提出的结构模型的基础之上，考虑了更为复杂的内生破产条件，并讨论了企业的最优资本结构问题。考虑到采用结构模型能够较好地刻画企业面临的风险，同时也能够较为方便地考察企业价值与企业风险管理决策，因此，我们的研究也将建立在结构模型的基础上。

第二，关于跳扩散过程下的资产定价研究。根据上一章的分析可知，投机风险既可能给企业带来收益，也可能带来损失，相比之下，纯粹风险只可能给企业带来损失而不会有任何收益。同时，相较于投机风险，纯粹风险带来的损失相对于企业自身的资产来说通常较大。考虑到投机风险和纯粹风险的这些特征，我们采用跳扩散过程来描述企业的资产价值。另外，在结构模型中，股票和债券被看作是资产价值的或有权益，因此，要确定债券价值、股票的价值和企业的资本结构，需要在跳扩散过程中对这些或有权益进行定价。事实上，在资产定价的研究中，许多研究都讨论了跳扩散过程中的期权定价问题，比如，Kou 和 Wang（2003）、Chen 和 Kou（2009）等。这些研究都可以为我们的研究提供指导。

接下来，我们来建立纯粹风险模型和纯粹风险管理模型。

第二节　纯粹风险模型

在这一节中，我们将建立纯粹风险模型。企业在日常的生产经营中，不仅面临着双向的投机风险，还面临着单向的纯粹风险，同时，相较于投机风险，纯粹风险给企业带来的损失相对于企业自身的资产来说通常较大。因此，考虑到企业面临的纯粹风险的特征，我们使用跳扩散过程来描述企业资产价值的变化。在此基础上，我们基于结构模型的相关设定，给出了企业的债务发行与破产设定，求出了债券价值与企业价值的表达式，并分析了企业风险管理决策行为的最优化问题。

一、基本的模型设定

在这一部分，我们将给出一些基本的模型设定。首先，考虑到企业面临的纯粹风险的特征，我们采用单侧的跳扩散过程来描述企业的资产价值。具体地，我们假设，在风险中性测度下，资产价值的变化服从如下过程：

$$\frac{\mathrm{d}V_t}{V_{t^-}} = (r - \delta + \lambda\kappa)\,\mathrm{d}t + \sigma\mathrm{d}W_t + \mathrm{d}\Big[\sum_{j=1}^{N_t}(\theta_j - 1)\Big] \tag{3.1}$$

其中，V_t 是 t 时刻的资产价值，r 是无风险利率，δ 是对所有证券持有人的支付率，σ 是波动率，$W(t)$ 是标准布朗运动，$N(t)$ 是参数为 λ 的泊松过程，

$1 - \theta_j$ 代表第 j 次纯粹风险发生时对应的损失率。由于 $\{\theta_j\}$ 是一个独立同分布的序列,因此,为了方便,我们用 θ 来表示 θ_j。根据上述假设可知,纯粹风险发生一次,对应的平均损失率为 $\kappa = E(1 - \theta)$,在这里,我们称 κ 为次均损失。需要说明的是,由于次均损失 κ 也可以反映纯粹风险的大小,因此,在本书后续的分析研究中,我们也称 κ 为风险类型。最后,我们假设 $Y = \ln\theta$ 服从指数分布,其密度函数可表示为

$$f_Y(y) = \begin{cases} \eta e^{\eta y} & y < 0 \\ 0 & y \geq 0 \end{cases}, \quad \eta > 0$$

现在,我们将进一步给出关于企业债券发行的相关设定。我们假设,企业连续地发行债券,同时,企业在每个时刻发行的债券面值为 p,债券期限服从指数分布,密度函数为 $\varphi(x) = me^{-mx}$。因此,我们可以发现,对于任意时刻 t,在未来时刻 s 到期的债券面值为

$$\int_{-\infty}^{t} p\varphi(s - u) \, \mathrm{d}u = \int_{-\infty}^{t} pme^{-m(s-u)} \mathrm{d}u = pe^{-m(s-t)}, \quad s \geq t \qquad (3.2)$$

同时,令 $s = t$,我们可以进一步发现,在任意时刻 t,到期的债券面值为 p。此外,我们还可以发现,在任意时刻 t,未偿还的总债券面值为

$$\int_{t}^{+\infty} pe^{-m(s-t)} \mathrm{d}s = \frac{p}{m} \equiv P$$

换句话说,在任意时刻 t,未偿还的总债券面值是固定的,我们将其记为 P,称为债务水平。我们假设,企业需要按照债券面值的固定比例 ρ 持续地向债权人支付利息,直到企业破产或者债券到期,在这里,$0 \leq \rho \leq 1$。

最后,我们给出企业破产的模型设定。我们假设,当企业的资产价值 V_t 小于或者等于资产价值水平 V_B 时,企业宣告破产。在这里,我们称 V_B 为破产水平。与 Leland 和 Toft(1996)的研究类似,我们假设破产水平 V_B 是内生决定的。为了方便,我们将破产水平的求解细节放在后面讨论,在这里,我们暂且将破产水平 V_B 视为给定的。另外,破产时间 $\tau = \inf\{t \geq 0: V_t \leq V_B\}$,相应地,企业破产时对应的资产价值记为 V_τ,称为破产残值。当企业破产时,需要承担一定的成本,比如,支付诉讼费用等。我们假设,这些成本在破产残值中的占比为 α,其中,$0 \leq \alpha \leq 1$。那

么，当企业破产时，扣除需要支付的成本 αV_τ 后，债权人可以获得残值中的剩余部分 $(1-\alpha) V_\tau$。

二、企业价值与债券价值

前面我们给出了一些基本的模型设定，包括企业资产价值的变化、债券发行和企业破产的假设。在此基础上，在这一部分，我们将进一步给出企业价值和债券价值的表达式。

首先，我们来给出企业价值的表达式。根据 MM 定理，企业价值等于初始时刻的资产价值加上税盾再减去破产成本。因此，初始时刻的企业价值 $v(V; V_B)$ 可以表示为

$$v(V; V_B) = V_0 + E\left[\int_0^\tau i\rho P e^{-rt}\mathrm{d}t\right] - \alpha E[V_\tau e^{-r\tau}] \tag{3.3}$$

其中，V_0 是初始时刻的资产价值，i 是税率，$E\left[\int_0^\tau i\rho P e^{-rt}\mathrm{d}t\right]$ 代表企业的税盾。在这里，税盾的产生是因为政府对于企业偿还的利息免税以及免缴的税收，即 $i\rho P$，它们可以被看成流入企业的现金流。另外，$\alpha E[V_\tau e^{-r\tau}]$ 是企业面临的破产成本。根据企业破产的模型设定，之所以存在破产成本，是因为企业在破产时需要承担一定的损失，其数量为 αV_τ。

此外，我们假设，企业通过发行股票和债券两种方式进行融资。因此，企业价值 $v(V; V_B)$ 也可以表示为

$$v(V; V_B) = D(V; V_B) + S(V; V_B) \tag{3.4}$$

其中，$S(V; V_B)$ 是初始时刻的股东价值，$D(V; V_B)$ 是初始时刻的债券价值。

接下来，我们来讨论债券价值的表达式。在计算债券价值之前，我们首先需要确定，当企业破产时，不同债券获得的支付。企业持续地发行债券，并且任意时刻发行的债券的期限服从指数分布。换句话说，当企业破产时，不同的债券获得的支付可能是不同的。在这里，关于如何确定这些债券获得的支付，我们采用与 Chen 和 Kou（2009）类似的假设。基于此，我们假设，当企业在 τ 时刻破产时，一份单位面值、期限为 T（$T > \tau$）

的债券，获得的支付为

$$\zeta\left\{e^{-r(T-\tau)} + \int_0^{T-\tau} \rho e^{-rs}ds\right\} = \zeta\left\{\left(1 - \frac{\rho}{r}\right)e^{-r(T-\rho)} + \frac{\rho}{r}\right\}, \ 0 \leqslant \zeta \leqslant 1$$

同时，根据企业破产的模型设定可知，当企业破产时，债权人获得的总支付应为 $(1-\alpha)V_\tau$。另外，根据式（3.2）可知，当企业破产时，本该在未来时刻 T 到期的债券面值为 $pe^{-m(T-\tau)}$。因此，结合上述分析，我们可以得到

$$\int_\tau^{+\infty} \zeta\left\{\left(1 - \frac{\rho}{r}\right)e^{-r(T-\tau)} + \frac{\rho}{r}\right\}pe^{-m(T-\tau)}dT = (1-\alpha)V_\tau \qquad (3.5)$$

为了给出债券价值的表达式，我们来计算一份单位面值、期限为 T 的债券，在初始时刻的价值为

$$d(V; V_B, T) = E\left[e^{-rT}1_{\{\tau > T\}} + e^{-r\tau}\zeta\left\{\left(1 - \frac{\rho}{r}\right)e^{-r(T-\tau)} + \frac{\rho}{r}\right\}1_{\{\tau \leqslant T\}}\right] +$$
$$E\left[\int_0^{\tau \wedge T} \rho e^{-rs}ds\right]$$

企业在任意时刻发行的债券的期限服从指数分布，并且，在任意时刻，未偿还的总债券面值为 P。所以，初始时刻的债券价值 $D(V; V_B)$ 可以表示为

$$D(V; V_B) = P\int_0^{+\infty} me^{-mT}d(V; V_B, T)dT \qquad (3.6)$$

现在，我们来求解债券价值和企业价值的表达式。首先，我们定义，关于资产价值 V 的修正特征函数，即

$$F_V(x) = -\left(r - \delta + \lambda\kappa - \frac{1}{2}\sigma^2\right)x + \frac{1}{2}\sigma^2 x^2 + \lambda\left(\frac{\eta}{\eta - x} - 1\right)$$

同时，我们定义 $s_{1,\xi}$ 和 $s_{2,\xi}$（$s_{1,\xi} < s_{2,\xi}$）是方程 $F_V(x) = r + \xi$ 的两个正实数根[①]，其中，$\xi = 0$ 或 m。

在下面的引理中，我们求解债券价值和企业价值的表达式。

---

① 容易证明，此时的方程 $F_V(x) = r + \xi$ 存在两个正实数根。由于 $F_V(0) - (r + \xi) < 0$，并且 $F_V(\eta^-) = +\infty$，因此，方程在区间 $[0, \eta]$ 上存在一个正实数根。另外，由于 $F_V(\eta^+) = -\infty$，并且 $F_V(+\infty) = +\infty$，所以，方程在区间 $[\eta, +\infty]$ 上也存在一个正实数根。

引理 3.1：假设资产价值服从式（3.1），债务的发行与企业破产等模型设定如前文所述。那么，初始时刻的债券价值为

$$
\begin{aligned}
D(V;\ V_B) = {} & \frac{P(\rho + m)}{r + m}\left[1 - c_{1,\ m}\left(\frac{V_B}{V_0}\right)^{s_{1,\ m}} - c_{2,\ m}\left(\frac{V_B}{V_0}\right)^{s_{2,\ m}}\right] \\
& + (1 - \alpha)\,V_B\left[d_{1,\ m}\left(\frac{V_B}{V_0}\right)^{s_{1,\ m}} + d_{2,\ m}\left(\frac{V_B}{V_0}\right)^{s_{2,\ m}}\right]
\end{aligned}
\tag{3.7}
$$

初始时刻的企业价值为

$$
\begin{aligned}
v(V;\ V_B) = {} & V + \frac{Pi\rho}{r}\left[1 - c_{1,\ 0}\left(\frac{V_B}{V_0}\right)^{s_{1,\ 0}} - c_{2,\ 0}\left(\frac{V_B}{V_0}\right)^{s_{2,\ 0}}\right] \\
& - \alpha V_B\left[d_{1,\ 0}\left(\frac{V_B}{V_0}\right)^{s_{1,\ 0}} + d_{2,\ 0}\left(\frac{V_B}{V_0}\right)^{s_{2,\ 0}}\right]
\end{aligned}
\tag{3.8}
$$

其中，对于 $\xi = 0$ 或 m

$$
c_{1,\ \xi} = \frac{\eta - s_{1,\ \xi}}{s_{2,\ \xi} - s_{1,\ \xi}}\frac{s_{2,\ \xi}}{\eta},\quad c_{2,\ \xi} = \frac{s_{2,\ \xi} - \eta}{s_{2,\ \xi} - s_{1,\ \xi}}\frac{s_{1,\ \xi}}{\eta},\quad d_{1,\ \xi} = \frac{\eta - s_{1,\ \xi}}{s_{2,\ \xi} - s_{1,\ \xi}}\frac{s_{2,\ \xi} + 1}{\eta + 1},
$$

$$
d_{2,\ \xi} = \frac{s_{2,\ \xi} - \eta}{s_{2,\ \xi} - s_{1,\ \xi}}\frac{s_{1,\ \xi} + 1}{\eta + 1}
$$

$s_{1,\ \xi}$ 和 $s_{2,\ \xi}$ 是方程 $F_V(x) = r + \xi$ 的两个正实数根。

证明： 见附录 A。

三、最优债务水平

在前面的分析中，我们给出了基本的模型设定，计算并求解了企业价值。在此基础上，在本部分，我们将进一步分析企业风险管理决策行为的最优化问题。我们假设，在初始时刻，债权人通过最大化企业价值，选择最优债务水平。根据式（3.8）可知，企业价值 $v(V;\ V_B)$ 受到债务水平 P 和破产水平 V_B 的影响，因此我们首先分析破产水平 V_B。

根据企业破产的假设可知，破产水平 V_B 是内生决定的，即当股东不再愿意发行额外的股票为偿还债务进行融资时，企业就宣告破产。换句话说，在债权人选择了债务水平 P 之后，股东通过最大化股东价值来选择破

产水平 V_B。 在下面的引理中，我们求解债务水平 V_B。

引理 3.2：假设资产价值服从式（3.1），债务发行与企业破产设定如前所述。如果债务水平为 P，相应的破产水平 $V_B = \pi(V) P$，其中

$$\pi(V) = \frac{\dfrac{\rho + m}{r + m}(c_{1,m}s_{1,m} + c_{2,m}s_{2,m}) - \dfrac{i\rho}{r}(c_{1,0}s_{1,0} + c_{2,0}s_{2,0})}{\alpha(d_{1,0}s_{1,0} + d_{2,0}s_{2,0}) + (1 - \alpha)(d_{1,m}s_{1,m} + d_{2,m}s_{2,m}) + 1},$$

$c_{l,\xi}$，$d_{l,\xi}$，$s_{l,\xi}$（$\xi \in \{0, m\}$，$l \in \{1, 2\}$）的定义与引理 3.1 一致。

证明：见附录 B。

由引理 3.2 可知，破产水平 V_B 由债务水平 P 决定。结合式（3.8）可知，企业价值由债务水平 P 决定。因此，企业风险管理决策行为的最优化问题为

$$\max_{P}: v(V; \pi(V) P)$$

该风险管理决策行为最优化问题的解即为最优债务水平 P^*。

第二节 纯粹风险管理模型

在上一节中，我们考虑了企业面临的纯粹风险，构建了纯粹风险模型。根据之前的分析我们知道，企业通常会选择纯粹风险管理来降低纯粹风险带来的巨大损失，同时，购买保险是企业纯粹风险管理的一种重要手段。因此，在这一节中，我们将以保险为例，进一步构建企业的纯粹风险管理模型[①]。

一、资产价值的变化

在前文中，我们给出了在纯粹风险的影响下，企业资产价值的变化过程。现在，我们进一步考虑企业的纯粹风险管理。我们假设，企业在任意

---

① 需要说明的是，在本书中，由于我们以保险为例来分析企业的纯粹风险管理，因此，后文中提到的纯粹风险管理，也是指保险。

时刻 t 向保险人支付保费，并且，在受到损失后获得赔偿。因此，考虑保险后，企业资产价值的变化服从如下过程：

$$\frac{\mathrm{d}V_t}{V_{t^-}} = (r - \delta - (1 + c) \lambda \varphi + \lambda \kappa) \mathrm{d}t + \sigma \mathrm{d}W_t + \mathrm{d}\Big[\sum_{j=1}^{N_t} (\theta_j^{1-\beta} - 1) \Big]$$

$$(3.9)$$

其中，β 代表企业的保险水平（$0 \leqslant \beta \leqslant 1$）。当企业购买保险之后，纯粹风险发生一次，对应的平均损失率由 $E(1 - \theta)$ 降低到 $E(1 - \theta^{1-\beta})$。相应地，$\varphi = E(\theta^{1-\beta} - \theta)$ 代表平均的赔付率。

另外，$(1 + c) \lambda \varphi V_t$ 代表企业在时刻 t 支付的总保费，其中，$\lambda \varphi V_t$ 代表企业向保险人支付的纯保费，$c \lambda \varphi V_t$ 代表企业支付的附加保费。根据之前对于保险费的分析可知，纯保费是指精算公平的保费，它等于未来赔付的期望现值。附加保费是指总保费中高于纯保费的部分。这部分保费通常被保险公司作为经营利润，或者用于经营支出，包括支付给保险代理人的佣金、法律诉讼费用、员工薪酬和税收等。在实务中，附加保费在总保费中占有很大的比例，是一种显著的经济摩擦。基于此，我们也称 $c \lambda \varphi V_t$ 为风险管理的成本，其中，c 是附加费率。为了方便，我们也将 c 称为风险管理的成本。

此外，我们定义 $Z = \ln \theta^{1-\beta} = (1 - \beta) \ln \theta = (1 - \beta) Y$。当 $\beta = 1$ 时，$Z = 0$；当 $0 \leqslant \beta < 1$ 时，根据前文的假设，Y 服从指数分布，因此，Z 也服从指数分布，其密度函数为

$$f_Z(z) = \begin{cases} \tilde{\eta} e^{\tilde{\eta} z} & z < 0 \\ 0 & z > 0 \end{cases}, \quad \tilde{\eta} = \frac{\eta}{1 - \beta}$$

在这里，我们需要补充说明两点：

第一，我们模型中假设的是指数型的风险管理方式，这样假设的目的仅仅是为了求解的便利。事实上，这种风险管理方式类似于现实中的比例投保。在我们的模型中，纯粹风险造成的总损失为 $(1 - \theta) V_t$，其中保险保障的部分为 $(\theta^{1-\beta} - \theta) V_t$。因此，如果假设投保比例为 g，那么，我们有 $g(1 - \theta) V_t = (\theta^{1-\beta} - \theta) V_t$，也就是说，$g = (\theta^{1-\beta} - \theta) / (1 - \theta)$。显然，

对于风险管理水平 β_1 和 β_2，如果 $\beta_1 < \beta_2$，那么，我们可以得到 $g_1 < g_2$。当企业不投保时（$\beta = 0$），$g = 0$；当企业选择完全投保时（$\beta = 1$），$g = 1$。

第二，类似于 Leland 和 Toft（1996）的研究，资产价值 V 代表企业经营活动产生的现金流的价值。那么，在式（3.9）中，纯粹风险管理降低了资产价值跳扩散的幅度，意味着纯粹风险管理能够降低企业未来现金流的损失。我们认为这一假设是合理的。事实上，根据前文的分析可知，在保险实务中，保险不仅能够为直接的财产损失提供保护，而且还能为因生产经营中断而导致的未来收益或利润损失提供保护，比如商业中断保险。

二、构建纯粹风险管理模型

由式（3.9）容易知道，纯粹风险管理仅仅改变了企业资产的风险收益特征，也就是说，之前的债务发行和企业破产等模型设定，以及债券价值和企业价值的求解过程仍然适用。因此，在这一部分，我们直接给出考虑纯粹风险管理时的相关模型。

首先，类似于式（3.3）和式（3.4），当企业购买保险来降低纯粹风险时，企业价值 $v(V;\ V_B,\ \beta)$ 可以为表示为

$$v(V;\ V_B,\ \beta) = V_0 + E\left[\int_0^\tau i\rho P e^{-rt}\mathrm{d}t\right] - \alpha E[V_\tau e^{-r\tau}]\ ,\qquad 0 \leq \beta \leq 1$$

（3.10）

并且，

$$v(V;\ V_B,\ \beta) = S(V;\ V_B,\ \beta) + D(V;\ V_B,\ \beta)\ ,\qquad 0 \leq \beta \leq 1$$

（3.11）

其中，$D(V;\ V_B,\ \beta)$ 和 $S(V;\ V_B,\ \beta)$ 分别是初始时刻的债券价值和股票价值。

另外，纯粹风险管理仅仅改变了企业资产的风险收益特征，因此，考虑纯粹风险管理后，资产价值 V 的修正特征函数为

$$F_{V_\beta}(x) = \begin{cases} -\left(r-\delta-(1+c)\lambda\varphi+\lambda\kappa-\dfrac{1}{2}\sigma^2\right)x+\dfrac{1}{2}\sigma^2 x^2+\lambda\left(\dfrac{\bar{\eta}-x}{}-1\right), & 0\leq\beta<1 \\[2mm] -\left(r-\delta-c\lambda\kappa-\dfrac{1}{2}\sigma^2\right)x+\dfrac{1}{2}\sigma^2 x^2, & \beta=1 \end{cases}$$

当 $0 \leq \beta < 1$ 时，对于 $\xi = 0$ 或 m，$s_{1,\xi}$ 和 $s_{2,\xi}$（$s_{1,\xi} < s_{2,\xi}$）是方程 $F_{V_\beta}(x) = r + \xi$ 的两个正实数根。当 $\beta = 1$ 时，该方程只有一个正实数根，我们将其定义为 s_ξ。

在下面的定理中，我们给出了考虑纯粹风险管理时的债券价值和企业价值表达式。

定理 3.1：假设资产价值服从式（3.9），债务发行和企业破产等模型设定如前所述。当 $0 \leq \beta \leq 1$ 时，初始时刻的债券价值

$$D(V; V_B, \beta) = \frac{P(\rho + m)}{r + m}\left[1 - \tilde{c}_{1,m}\left(\frac{V_B}{V_0}\right)^{s_{1,m}} - \tilde{c}_{2,m}\left(\frac{V_B}{V_0}\right)^{s_{2,m}}\right]$$

$$+ (1 - \alpha)V_B\left[\tilde{d}_{1,m}\left(\frac{V_B}{V_0}\right)^{s_{1,m}} + \tilde{d}_{2,m}\left(\frac{V_B}{V_0}\right)^{s_{2,m}}\right]$$

初始时刻的企业价值

$$v(V; V_B, \beta) = V_0 + \frac{Pi\rho}{r}\left[1 - \tilde{c}_{1,0}\left(\frac{V_B}{V_0}\right)^{s_{1,0}} - \tilde{c}_{2,0}\left(\frac{V_B}{V_0}\right)^{s_{2,0}}\right]$$

$$- \alpha V_B\left[\tilde{d}_{1,0}\left(\frac{V_B}{V_0}\right)^{s_{1,0}} + \tilde{d}_{2,0}\left(\frac{V_B}{V_0}\right)^{s_{2,0}}\right]$$

（3.12）

其中，对于 $\xi = 0$ 或者 m，

$$\tilde{c}_{1,\xi} = \frac{\tilde{\eta} - s_{1,\xi}}{s_{2,\xi} - s_{1,\xi}}s_{2,\xi}, \quad \tilde{c}_{2,\xi} = \frac{s_{2,\xi} - \tilde{\eta}}{s_{2,\xi} - s_{1,\xi}}s_{1,\xi},$$

$$\tilde{d}_{1,\xi} = \frac{\tilde{\eta} - s_{1,\xi}}{s_{2,\xi} - s_{1,\xi}}\frac{s_{2,\xi} + 1}{\tilde{\eta} + 1}, \quad \tilde{d}_{2,\xi} = \frac{s_{2,\xi} - \tilde{\eta}}{s_{2,\xi} - s_{1,\xi}}\frac{s_{1,\xi} + 1}{\tilde{\eta} + 1}$$

$s_{1,\xi}$ 和 $s_{2,\xi}$ 是方程 $F_{V_\beta}(x) = r + \xi$ 的两个正实数根。

当 $\beta = 1$ 时，初始时刻的债券价值为

$$D(V; V_B, 1) = \frac{P(\rho + m)}{r + m}\left[1 - \left(\frac{V_B}{V_0}\right)^{s_m}\right] + (1 - \alpha)V_B\left(\frac{V_B}{V_0}\right)^{s_m}$$

（3.13）

初始时刻的企业价值为

$$v(V; V_B, 1) = V_0 + \frac{Pi\rho}{r}\left[1 - \left(\frac{V_B}{V_0}\right)^{s_0}\right] - \alpha V_B\left(\frac{V_B}{V_0}\right)^{s_0} \quad （3.14）$$

其中，对于 $\xi = 0$ 或者 m，s_ξ 是方程 $F_{V_\beta}(x) = r + \xi$ 的正实数根。

证明：见附录 C。

现在，我们给出考虑纯粹风险管理时的破产水平 V_B。

定理 3.2：假设资产价值服从式（3.9），债务发行和企业破产等模型假设如前所述。对于债务水平 P 和风险管理水平 β，相应的破产水平 $V_B = \pi(V, \beta) P$，其中

$$
\pi(V, \beta) =
\begin{cases}
\dfrac{\dfrac{\rho+m}{r+m}(\tilde{c}_{1,m}s_{1,m}+\tilde{c}_{2,m}s_{2,m}) - \dfrac{i\rho}{r}(\tilde{c}_{1,0}s_{1,0}+\tilde{c}_{2,0}s_{2,0})}{\alpha(\tilde{d}_{1,0}s_{1,0}+\tilde{d}_{2,0}s_{2,0}) + (1-\alpha)(\tilde{d}_{1,m}s_{1,m}+\tilde{d}_{2,m}s_{2,m}) + 1}, & 0 \leq \beta < 1 \\[3ex]
\dfrac{\dfrac{\rho+m}{r+m}s_m - \dfrac{i\rho}{r}s_0}{\alpha s_0 + (1-\alpha)s_m + 1}, & \beta = 1
\end{cases}
$$

$\tilde{c}_{l,\xi}$，$\tilde{d}_{l,\xi}$，$s_{l,\xi}$（$\xi \in \{0, m\}$，$l \in \{1, 2\}$）的定义与定理 3.1 一致。

证明：见附录 D。

最后，我们分析了企业风险管理决策行为的最优化问题。我们假设，在初始时刻，股东和债权人同时选择风险管理水平 β 和债务水平 P 来最大化企业价值 $v(V; \pi(V, \beta) P, \beta)$。因此，企业风险管理决策行为的最优化问题可以表示为

$$
\max_{P, \beta}: v[V; \pi(V, \beta) P, \beta]
$$

该风险管理决策行为最优化问题的解即为最优债务水平 P^* 和最优风险管理水平 β^*。

第四章　纯粹风险管理
与企业价值之间的关系研究

　　在上一章中，我们在经典的公司金融模型（结构模型）的基础上，建立了纯粹风险模型和纯粹风险管理模型。考虑到企业在日常生产经营活动中面临的纯粹风险，以及纯粹风险给企业带来的显著影响，我们采用了单侧的跳扩散过程来描述企业资产价值的波动。同时，我们假设，企业通过购买保险来管理纯粹风险。换句话说，一旦企业受到纯粹风险的不利影响，就会获得保险人支付的赔偿金，这就降低了企业面临的损失（或资产价值跳扩散的大小），通过这种方式，我们将纯粹风险管理（或者说保险）内生到了模型中。此外，我们还给出了企业的决策过程，即在初始时刻，股东和债权人分别选择风险管理水平和债务水平，以最大化企业价值。

　　通过对企业的决策过程进行分析后，我们知道，股东和债权人都根据企业价值最大化原则，各自做出纯粹风险管理和债务投资决策。这就意味着，如果我们要系统地分析企业纯粹风险管理决策的相关问题，需要首先讨论纯粹风险管理对企业价值的影响。

　　基于上面的考虑，在本章中，我们将利用前文建立的纯粹风险管理模型，进一步分析纯粹风险管理（或者说保险）与企业价值之间的关系，以及企业的最优风险管理决策。在此基础上，我们将探讨风险管理对企业资本结构的影响，并将理论结果用于解释环境污染责任保险采用强制保险制度的原因。另外，需要说明的是，为了后续研究的方便，本章的分析只考虑纯保费，不考虑附加保费，换句话说，风险管理成本 $c = 0$。

第一节 参数设定

在本节中，我们将对企业价值的表达式进行分析，说明本书的研究采用数值分析的原因。此外，为了后续研究和讨论的方便，在这一节中，我们将给出纯粹风险管理模型中主要参数的取值。

根据式（3.12）可知，债务水平 P 和风险管理水平 β 共同决定了企业价值 $v(V; V_B, \beta)$。同时，由企业的风险管理决策最优化问题可知，通过最大化企业价值，我们可以得出最优债务水平 P^* 和最优风险管理水平 β^*。然而，根据定理 3.1 可知，企业价值的表达式，依赖于方程 $F_V(x) = r + \xi$ 的根。换句话说，企业价值的表达式并不是一个完全的解析解。那么，我们就不能利用式（3.12）对风险管理与企业价值之间的关系进行解析分析。

此外，从数值结果来看，当债务水平 P 和风险管理水平 β 发生变化时，企业价值 $v(V; V_B, \beta)$ 的变化并不一致。不过，通过进一步的数值分析可知，一旦确定了风险类型 κ，我们就能明确地得出风险管理对于企业价值的影响，以及最优风险管理策略。因此，在本章后续的分析中，我们根据企业面临的风险类型 κ，采用数值分析来研究风险管理与企业价值之间的关系，以及企业的最优风险管理策略。

在这里，为了方便，我们结合上一章构建的纯粹风险管理模型，建立了一个基准模型（baseline model），其中参数的取值见表 4.1。其中，初始时刻的资产价值为 $V_0 = 100$，支付率为 $\delta = 2\%$，波动率 $\sigma = 2\%$，破产成本比率为 $\alpha = 50\%$，税率为 $i = 35\%$。此外，我们将债券的平均期限 $1/m$ 设为 5 年。同时，我们设无风险利率为 $r = 4\%$，票面利率为 $\rho = 4.5\%$。最后，为了方便我们比较不同的风险类型，我们设总损失率 $\lambda\kappa = 0.01$。在这里，需要指出的是，我们选择的参数值，与许多有关结构模型的经典文献是一致的（Leland、Toft，1996；Leland，1998；Carlson、Lazrak，2010；He、Xiong，2012a）

表 4.1　基本参数

参数名称	符号	取值
初始时刻资产价值	V_0	100
支付率	δ	2%
无风险利率	r	4%
税率	i	35%
破产成本率	α	50%
票面利率	ρ	4.5%
波动率	σ	20%
总损失率	$\lambda\kappa$	0.01
债券平均期限	$1/m$	5

第二节　小风险条件下风险管理与企业价值之间的关系

通过之前的分析我们知道，在不同的风险类型条件下，我们可以明确得出风险管理与企业价值之间的关系。在本节中，我们首先分析企业面临较小的纯粹风险时，纯粹风险管理与企业价值之间的关系，以及企业的最优风险管理策略。

一、风险管理与企业价值之间的关系

为了方便我们的分析，我们根据权衡理论，将企业的决策过程重新描述如下：对于任意给定的风险管理水平 β，债权人会在税盾与破产成本之间进行权衡，并通过最大化企业价值[①]，选择债务水平 $P(\beta)$，此时，对应的企业价值记为 $v(\beta)$。最后，从所有的决策组合 $[\beta, P(\beta)]$ 中，选择能够最大化企业价值的决策组合，即可得到企业的风险管理最优决策，记为

① 这一决策过程可以用数学形式表述为：$P(\beta) = argmax_p v[V; \pi(V, \beta) P, \beta]$。

$(\beta^*,\ P^*)$。

现在，我们来考察当企业面临较小的纯粹风险时，纯粹风险管理与企业价值之间的关系。为此，我们采用了基准模型（其中的参数见表4.1），以次均损失 $\kappa = 20\%$ 的风险为例，计算了不同风险管理水平 β 对应的企业价值 $v(\beta)$，结果见图4.1。

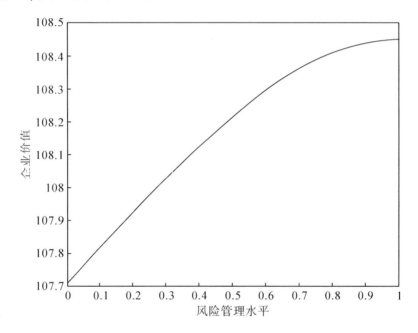

图 4.1　小风险条件下风险管理水平与企业价值之间的关系

从数值结果我们可以看出，随着风险管理水平 β 的提高，企业价值 $v(\beta)$ 单调上升，并且，企业价值在风险管理水平 $\beta = 1$ 时达到最大，也就是说，企业的最优风险管理水平 $\beta^* = 1$，最优风险管理策略为完全投保。对于其他较小的纯粹风险，我们也进行了类似的分析，并得到了相似的结果。

二、债务水平、税盾与破产成本的变化

在前面的分析中，我们考察了企业面临较小的纯粹风险时，风险管理与企业价值之间的关系，以及企业的最优风险管理策略。为了更好地解释

企业价值的变化，在这一部分，我们将进一步分析债务水平、税盾与破产成本的变化。

在这里，我们仍然采用基准模型（其中的参数见表4.1），以次均损失 $\kappa = 20\%$ 的风险为例，计算了不同风险管理水平 β 对应的债务水平 P、税盾 TaB 和破产成本 BaC，结果见图4.2和图4.3。

从图4.2中我们可以看出，随着风险管理水平的上升，债务水平 $P(\beta)$ 单调上升。同时，从图4.3中我们可以看出，税盾 TaB 随着风险管理水平 β 的上升而单调上升。此外，随着风险管理水平 β 的上升，破产成本 BaC 呈现出下降的趋势。对于这些变量的变化，我们可以给出如下解释。

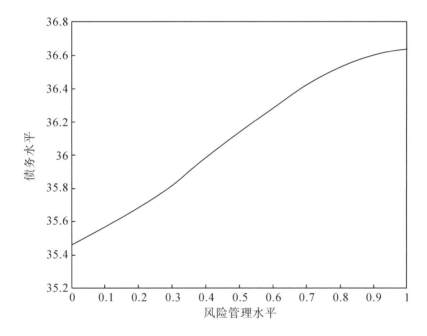

图4.2 风险管理水平对债务水平的影响

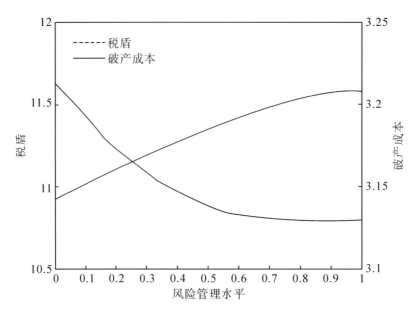

图4.3 风险管理水平对税盾和破产成本的影响

由式（3.10）可知，破产残值与破产成本之间成正比例关系，换句话说，破产残值对破产成本存在正向的影响。由于企业面临的纯粹风险较小，因此，较小的风险（或者说较小的跳扩散）导致企业破产时的破产残值相对较大，这就会产生较大的破产成本。从权衡理论的角度来看，企业会选择较低的债务水平，以抵消破产成本带来的较大的负面影响。另外，随着风险管理水平的上升，企业破产的可能性下降了，这会降低企业面临的破产成本。因此，企业可以承受更高的债务水平，以进一步增加税盾带来的利益。

综合上述分析，当企业面临较小的纯粹风险时，一方面，债务水平 $P(\beta)$ 随着风险管理水平 β 的上升而单调上升，同时，受到债务水平变化的影响，税盾 TaB 也单调上升；另一方面，破产成本 BaC 随着风险管理水平 β 的上升而呈现出下降的趋势。因此，企业价值随着风险管理水平的上升而单调上升。对于其他较小的纯粹风险，我们也可以得到类似的结果。因此，根据上面的分析，我们可以得到以下结论：

结论4.1：当企业面临的纯粹风险较小时，企业价值 $v(\beta)$ 与债务水平 $P(\beta)$ 随着风险管理水平 β 的上升而单调上升。因此，企业的最优风险管

理水平 β^* 为 1，企业的最优风险管理策略是完全投保。此外，风险管理提高了企业的最优债务水平 P^*。

第三节 大风险条件下风险管理与企业价值之间的关系

在上一节中，我们讨论了企业面临较小的纯粹风险时，企业价值与纯粹风险管理之间的关系，以及企业的最优风险管理决策。接下来，在本节中，我们进一步来考察当企业面临大的纯粹风险时，纯粹风险管理与企业价值之间的关系，以及相应的企业最优风险管理策略。

一、风险管理与企业价值之间的关系

首先，我们来考察当企业面临较大的纯粹风险时，纯粹风险管理与企业价值之间的关系。为此，我们采用基准模型（其中的参数见表 4.1），以次均损失 $\kappa = 75\%$ 的风险为例，计算了不同风险管理水平 β 对应的企业价值 $v(\beta)$，结果如图 4.4 所示。

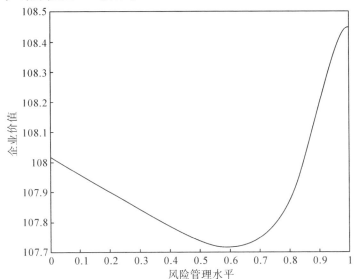

图 4.4 大风险条件下风险管理水平与企业价值之间的关系

从图 4.4 的数值结果我们可以看出，随着风险管理水平 β 的提高，企业价值 $v(\beta)$ 先单调下降然后再单调上升，换句话说，企业价值的变化相对于风险管理水平呈现 U 形曲线。企业价值在风险管理水平 $\beta = 1$ 时达到最大，也就是说，企业的最优风险管理水平 $\beta^* = 1$，企业的最优风险管理策略仍然是完全投保。

通过上面的分析可知，当企业面临的纯粹风险较大时，企业的最优风险管理决策仍然是完全投保。然而，我们知道，在现实中，企业可能会面临一些较为极端的纯粹风险，比如地震和飓风等巨灾，这类纯粹风险给企业造成的损失巨大，那么，我们不禁要问，针对这类纯粹风险，企业价值与风险管理之间的关系是否会发生变化？企业的最优风险管理策略是否会因此而改变？

为此，我们进一步考虑了企业面临的风险类型，考察了企业在特别大的纯粹风险影响下，风险管理水平与企业价值之间的关系，以及相应的企业最优风险管理策略。我们仍然采用基准模型（其中的参数见表 4.1），以次均损失 $\kappa = 90\%$ 的风险为例，计算了不同风险管理水平 β 对应的企业价值 $v(\beta)$，结果如图 4.5 所示。

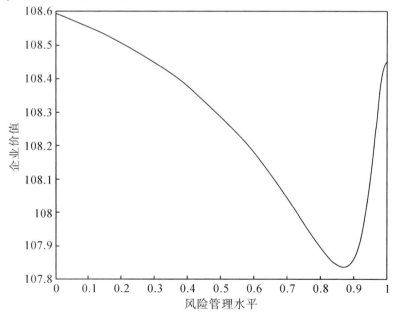

图 4.5　次均损失为 90% 时，风险管理水平与企业价值之间的关系

从图 4.5 的数值结果我们可以看出，企业价值 $v(\beta)$ 相对于风险管理水平 β 的变化，与次均损失 $\kappa = 75\%$ 的风险类似，即随着风险管理水平 β 的变化，企业价值 $v(\beta)$ 先单调下降而后再单调上升，也就是说，企业价值 $v(\beta)$ 的变化相对于风险管理水平 β 呈现 U 形曲线。然而，与之前的结果不同的是，风险管理水平 $\beta = 0$ 对应的企业价值小于风险管理水平 $\beta = 1$ 对应的企业价值，因此，企业的最优风险管理水平 $\beta^* = 0$，相应的最优风险管理策略为不投保。对于企业面临的其他大的纯粹风险，我们也进行了类似的分析，并得到了相似的结果。

二、债务水平、税盾与破产成本的变化

在前文中，我们审视了当企业面临大的纯粹风险时，风险管理水平与企业价值之间的关系，以及企业的最优风险管理策略。类似地，为了解释大风险条件下企业价值的变化，在本小节中，我们将进一步分析债务水平、税盾与破产成本的变化。

需要说明的是，尽管次均损失 $\kappa = 75\%$ 的风险对应的最优风险管理决策与次均损失 $\kappa = 90\%$ 的风险对应的最优风险管理决策存在差异，但是，二者对应的企业价值相对于风险管理水平的变化是类似的。因此，在本小节中，我们以次均损失 $\kappa = 75\%$ 为例来分析债务水平、税盾和破产成本的变化。

为此，我们仍然采用基准模型（其中的参数见表 4.1），以次均损失 $\kappa = 75\%$ 的风险为例，计算了不同风险管理水平 β 对应的债务水平 P、税盾 TaB 和破产成本 BaC，结果见图 4.6 和图 4.7。

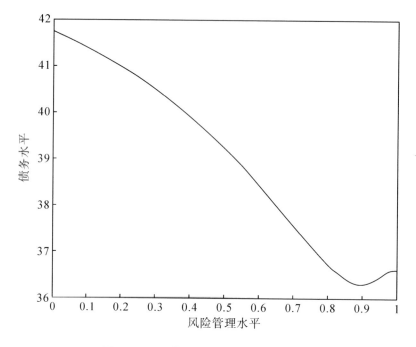

图 4.6　风险管理水平对债务水平的影响

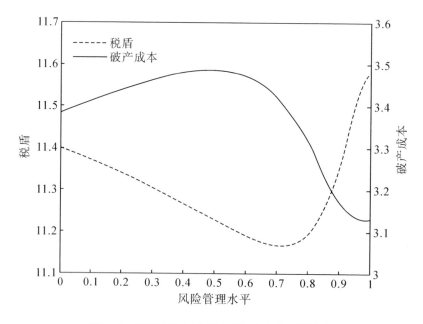

图 4.7　风险管理水平对税盾和破产成本的影响

从图 4.6 中我们可以看出，随着风险管理水平 β 的上升，债务水平 $P(\beta)$ 先单调下降之后再单调上升，债务水平的变化相对于风险管理水平呈现 U 形曲线。另外，从图 4.7 中我们可以看出，与债务水平的变化类似，随着风险管理水平 β 的上升，税盾 TaB 也呈现出先单调下降然后单调上升的变化趋势。同时，随着风险管理水平的变化，破产成本先单调上升而后呈现下降的趋势。对于这些变量的变化，我们可以给出如下解释。

当企业面临大的纯粹风险时，较大的纯粹风险（或者说较大的跳扩散）导致企业破产时面临的破产残值很小。考虑到破产残值和破产成本之间存在正向关系，因此企业破产时面临的破产成本也较小。从权衡理论的角度来看，企业会选择较高的债务水平，尽可能增加税盾带来的利益。随着风险管理水平的上升，尽管企业破产的可能性被降低，但是，纯粹风险的下降也导致了破产残值的上升。考虑到企业初始面临的纯粹风险很大，因此破产残值上升给破产成本带来的正向影响，大于破产可能性下降给破产成本带来的负向影响。换句话说，破产成本随着风险管理水平的上升而上升。为了抵消破产成本的负面影响，企业需要选择更低的债务水平。于是，债务水平随着风险管理水平的上升而下降，同时，税盾受到债务水平的影响也呈现下降趋势。当风险管理水平提高到一定程度之后，纯粹风险被降低到较低的水平，此时，债务水平、税盾和破产成本的变化与企业面临较小纯粹风险时一致。

综合上面的分析，当企业面临较大的纯粹风险时，一方面，债务水平 $P(\beta)$ 的变化相对于风险管理水平 β 呈现 U 形曲线，同时，受到债务水平的影响，税盾 TaB 的变化相对于风险管理水平 β 也呈现 U 形曲线；另一方面，随着风险管理水平 β 的上升，破产成本 BaC 呈现出先上升后下降的趋势。因此，当风险管理水平 β 较低时，企业价值 $v(\beta)$ 随着风险管理水平 β 的上升而下降；当风险管理水平 β 上升到一定程度之后，企业价值 $v(\beta)$ 上升。换句话说，企业价值 $v(\beta)$ 的变化相对于风险管理水平 β 呈现 U 形曲线。对于其他大纯粹风险，我们也进行了相似的分析，并得到了类似的结果。因此，根据上面的分析，我们可以得出以下结论：

结论4.2：当企业面临大的纯粹风险时，企业价值 $v(\beta)$ 和债务水平 $P(\beta)$ 的变化相对于风险管理水平 β 呈现 U 形曲线，也就是说，相对于风险管理水平 β，企业价值 $v(\beta)$ 和债务水平 $P(\beta)$ 先下降后上升。企业的最优风险管理水平 β^* 等于 1 或者 0，其最终取值依赖于二者对应企业价值的大小。

在这里，值得注意的是，当风险管理水平 β 较低时，企业价值 $v(\beta)$ 随着风险管理水平 β 的上升而下降，这意味着过度的风险管理反而会降低企业价值。事实上，在现实中，企业因为缺乏风险管理的专业知识，通常会向专业的机构就风险管理事宜进行咨询。我们的结果可以看作是对这种行为的支持。

第四节　不同风险类型条件下企业价值与企业最优风险管理决策

在前文中，我们讨论了当企业分别面临较小的纯粹风险和大纯粹风险时，纯粹风险管理与企业价值之间的关系，以及企业的最优风险管理策略。在本节中，我们首先将通过数值分析，考察在不同风险类型条件下，纯粹风险管理与企业价值之间的关系，以及企业的最优风险管理策略，以进一步验证之前的结果。另外，我们知道，企业的决策除了风险管理决策之外，还有债券发行决策。因此，在本节中，我们将进一步审视风险管理如何影响企业的债务融资决策（或者说企业的资本结构）。最后，我们将利用分析得出的理论结果来解释环境污染责任保险采用强制保险制度的原因。

一、不同风险类型条件下风险管理与企业价值之间的关系

根据之前的结果，我们知道，当企业面临较小的纯粹风险时，企业价值 $v(\beta)$ 随风险管理水平 β 的上升而单调上升，企业的最优风险管理策略

是完全投保；当企业面临的纯粹风险较大时，企业价值 $v(\beta)$ 的变化相对于风险管理水平 β 呈现 U 形曲线，此时，企业的最优风险管理策略仍然是完全投保；当企业面临的纯粹风险特别大时，企业价值的变化相对于风险管理水平仍然呈现 U 形曲线，但是，企业的最优风险管理策略是不投保。为了验证这些结果，我们采用基准模型（其中的参数见表 4.1），计算了不同风险管理水平 β 和风险类型 κ 对应的企业价值 $v(\beta)$，结果见图 4.8。

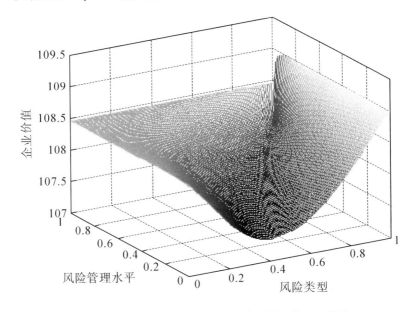

图 4.8　不同风险管理水平和风险类型对应的企业价值

由数值结果可知，对于不同的风险类型，风险管理水平 β 与企业价值 $v(\beta)$ 之间的关系，与之前的结果是一致的。也就是说，相对于风险管理水平 β，企业价值 $v(\beta)$ 要么单调上升，要么呈现 U 形曲线。此外，对于其他的总损失率 $\lambda\kappa$，我们也可以得到类似的结果，在这里，我们以 $\lambda\kappa$ = 0.03、0.05、0.07、0.09 为例，相应的数值结果见图 4.9~图 4.12。

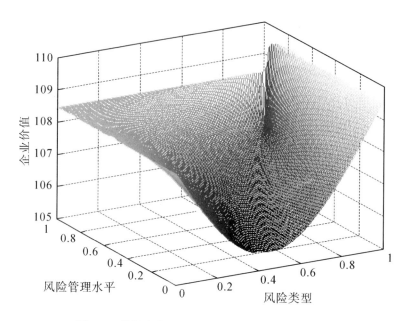

图 4.9　总损失率 $\lambda\kappa = 0.03$ 时，企业价值的变化

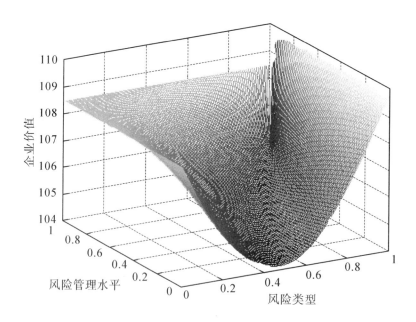

图 4.10　总损失率 $\lambda\kappa = 0.05$ 时，企业价值的变化

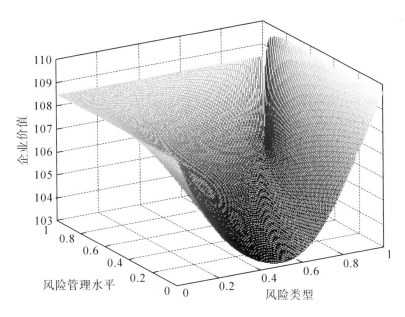

图 4.11　总损失率 $\lambda\kappa = 0.07$ 时，企业价值的变化

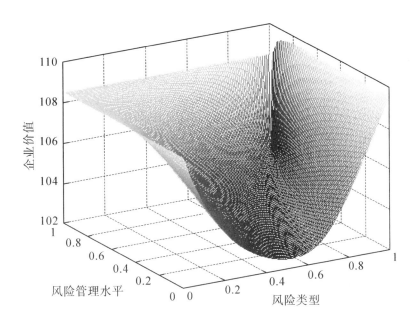

图 4.12　总损失率 $\lambda\kappa = 0.09$ 时，企业价值的变化

通过前面的分析，我们知道，纯粹风险管理可以提升企业价值。接下来，我们将进一步分析纯粹风险管理对企业价值的影响的显著性。在这里，我们使用"风险管理收益"来刻画风险管理对企业价值影响的显著性。所谓风险管理收益，是指企业采用最优风险管理策略对应的企业价值，减去不进行风险管理对应的企业价值。为了方便，我们采用基准模型（其中的参数见表4.1），并以几种代表性的风险类型 κ 和总损失率 $\lambda\kappa$ 为例，计算了相应的风险管理收益，结果见表4.2。

表4.2　不同风险类型和总损失率对应的风险管理收益

$\lambda\kappa$		0.01	0.03	0.05	0.07	0.09
κ	20%	0.69%	1.81%	2.68%	3.38%	3.95%
	75%	0.40%	1.32%	2.26%	3.14%	3.93%

从表4.2的数值结果我们可以看出，风险管理收益大致在1%到4%。事实上，一些关于投机风险管理的研究也得出了类似大小的风险管理收益。比如，Leland（1998）和Bolton等（2011）都证明，针对投机风险的风险管理将企业价值提升了大约2%。换句话说，纯粹风险管理对企业价值的影响是非常显著的。

综合上面的分析，我们可以得到以下结论：

结论4.3： 当不考虑风险管理成本时，纯粹风险管理能够显著地提升企业价值。对于不同的风险类型，企业的最优风险管理水平为1或者0，也就是说，企业的最优风险管理策略是要么完全投保，要么不投保。

二、风险管理对资本结构的影响

在前文中，我们分析了在不同风险类型条件下，纯粹风险管理与企业价值之间的关系，以及企业的最优风险管理策略。然而，我们知道，除了风险管理决策之外，企业的决策还包括债券发行决策。不仅如此，根据前文的分析可知，企业的风险管理决策与债务发行决策存在相互影响：一方面，风险管理水平会改变企业资产的风险收益特征，进而影响债务水平；

另一方面，债务水平的变化会影响企业的破产水平，进而改变股东选择的风险管理水平。基于此，在本部分，我们将进一步分析纯粹风险管理对企业债务水平的影响。另外，考虑到企业的债务水平与企业的资本结构紧密相关，因此，我们也审视了风险管理对企业资本结构的影响。

在这里，我们采用基准模型（其中的参数见表4.1），计算了不同风险类型条件下，企业选择最优风险管理策略和不进行风险管理对应的最优债务水平和最优资本结构，结果见表4.3。

表4.3 不同风险类型条件下的最优债务水平和最优杠杆率

κ	不进行风险管理		选择最优风险管理策略		
	P^*	$LR^*/\%$	P^*	$LR^*/\%$	β^*
10%	35.82	50.228 0	36.63	51.763 1	1
20%	35.46	49.482 9	36.63	51.763 1	1
30%	35.91	50.189 5	36.63	51.763 1	1
40%	37.01	52.085 2	36.63	51.763 1	1
50%	38.42	54.575 2	36.63	51.763 1	1
60%	39.85	57.118 8	36.63	51.763 1	1
70%	41.16	59.435 1	36.63	51.763 1	1
80%	42.31	61.431 4	36.63	51.763 1	1
90%	43.28	63.051 7	43.28	63.051 7	0

从表4.3的数值结果我们可以看出，当企业面临的纯粹风险较小时，风险管理提高了企业的最优债务水平和最优杠杆率；当企业面临的纯粹风险特别大时，企业选择不进行风险管理，最优债务水平和最优杠杆率没有变化；当企业面临的纯粹风险相对较大时，风险管理对最优杠杆率的影响较为复杂。此外，对于其他的风险类型，我们也可以得到类似的结果。因此，我们可以得出如下结论：

结论4.4：在不考虑风险管理成本的情况下，当企业面临的纯粹风险较小时，纯粹风险管理提高了企业的最优债务水平和最优杠杆率；当企业面临的纯粹风险特别大时，企业选择不进行纯粹风险管理，最优债务水平和最优杠杆率没有变化；当企业面临的纯粹风险较大时，纯粹风险管理对最优债务水平和最优杠杆率的影响比较复杂。

Leland（1998）的研究表明，当企业资产价值的波动率在区间[20%，30%]变化时，针对投机风险的风险管理提高了最优杠杆率。这一结果与我们在小风险条件下的结论是一致的。此外，Pérez-González 和 Yun（2013）也指出，针对天气风险的风险管理（也可以被认为是纯粹风险管理）对企业的杠杆率有正向的影响。但是，他们也指出，该研究讨论的是概率大并且损失较小的风险类型。这也可以看作是对我们结论的支持。

三、理论分析结果在责任保险中的应用

可保的纯粹风险，除了财产损失风险之外，还包括责任风险。企业面临的责任风险可以通过责任保险转移给保险人。然而，许多研究指出，责任保险存在需求不足的现象（Dionne，2013）。因此，许多类型的责任保险不得不采用强制保险的方式来实施（Shavell，1986、2005）。

近年来，我国绿色保险发展迅速，有力地推动了社会经济的绿色转型。环境污染责任保险是一种重要的绿色保险产品。我国自20世纪90年代开始推行环境污染责任保险，但是，环境违法成本较低，企业投保环境污染责任保险的积极性不高，这是我国针对环境污染高风险企业采用强制保险制度的一个重要原因（张伟 等，2014、2015）。然而，随着我国对环境保护的重视程度不断上升，国家不断出台涉及环境保护的法律法规，建立并完善了生态环境损害赔偿制度，造成环境破坏的企业既要承担环境污染赔偿责任，还要承担生态环境修复责任；同时，对于故意污染环境或者造成严重后果的责任人，还适用惩罚性赔偿条款，企业环境违法成本不断上升。但是，强制保险可能会导致资源配置缺乏效率（Faure，2006；Dionne，2013），那么，在环境违法成本不断提升的背景下，我们是否有必要对强制保险政策进行调整呢？

在这里，我们利用之前得出的理论分析结果来回答这个问题。在之前的研究中，我们采用跳扩散过程来描述企业面临的纯粹风险。自然地，跳

扩散过程也可以被用来描述企业造成环境污染之后所面临的责任风险。不同类型的企业造成环境污染的风险是不一样的。一般而言，环境污染风险越高的企业，其环境污染行为导致的损失越大，面临的索赔金额越高，即风险类型 κ 越大。因此，我们可以将风险类型 κ 视为企业的环境风险类型。根据前文的分析结果（**结论 4.1** 和**结论 4.2**）可知，在不考虑风险管理成本的情况下，当纯粹风险特别大（κ 特别大）时，企业的最优风险管理策略是不投保；对于其他的风险类型，企业的最优风险管理策略是完全投保。也就是说，当企业的环境风险类型 κ 特别大时，企业的最优保险决策是不投保环境污染责任保险。其他环境风险类型的企业的最优保险策略是投保环境污染责任保险。

对于环境污染高风险企业而言，由于生产工艺复杂、污染物排放量大等，一旦发生环境污染事故，往往会造成严重的后果。在环境违法成本不断提高的背景下，环境污染高风险企业造成环境破坏往往会面临巨额索赔。基于此，我们的研究从权衡理论的角度，分析了环境污染高风险企业对环境污染责任保险的需求。对于环境污染高风险企业而言，尽管购买环境污染责任保险能够提高企业的税盾，但是，购买环境污染责任保险也会极大地提高其破产成本，从而导致企业价值下降，因此，企业的最优风险管理决策是不投保环境污染责任保险。这一结果解释了在环境违法成本不断上升的背景下，仍然需要针对环境污染高风险领域开展环境污染强制责任保险的原因。

第五章　风险管理成本及其影响研究

在前面的分析中，为了方便，在不考虑风险管理成本的情况下，我们讨论了纯粹风险管理与企业价值之间的关系，以及企业的最优风险管理策略。然而，需要指出的是，不考虑风险管理成本的假设，通常只适用于对理想环境的分析，在更加复杂和现实的环境中，这一假设缺乏合理性。事实上，在风险管理实务中，企业进行风险管理通常是有成本的。一些关于投机风险管理的文献指出风险管理给企业带来了额外的成本。比如，Bolton 等（2011）指出，企业采用期货管理投机风险时，通常会在保证金账户中放入现金，这就会给企业带来额外的成本。另外，Rampini 和 Viswanathan（2010、2013）以及 Rampini 等（2014）认为，企业利用有限的资金进行风险管理，会导致企业放弃一些有利的投资机会，从而产生机会成本。在本书中，我们主要讨论的是企业的纯粹风险管理（或者说保险），那么，我们不禁要问，企业购买保险对应的成本又是什么呢？这些成本将对企业价值和企业风险管理决策产生什么样的影响？

根据第二章的分析，我们知道，企业购买保险时支付的附加保费，就是企业购买保险对应的成本。企业在购买保险时，通常需要向保险人支付保险费，而保险费中通常包含纯保费和附加保费两个部分。其中，纯保费是指精算公平的保费，它等于保险人预期赔付的现值。附加保费是指保险人收取的总保费中高于纯保费的部分。在保险实务中，附加保费通常被保险人用于形成利润以及支付保险人的各种日常经营开支，比如，支付保险代理人的佣金、员工薪酬、税收、办公费用以及法律诉讼费用等。从经济学的角度来看，附加保费是一种重要的经济摩擦。根据斯凯博（1999）的研究，附加保费在总保费中所占比例在 10% 到 50%。换句话说，作为一种重要的经济摩擦，附加保费会显著影响保险的价格，从而影响企业价值和企业风险管理决策。

基于此，在本章中，我们将进一步考虑风险管理的成本，并在此基础上分析风险管理成本对企业价值和企业风险管理决策的影响，同时，通过本章的分析，我们将对现实中企业的一些复杂的保险行为给出理论解释。另外，在本章的最后，我们将进行比较静态分析，考虑外生环境（债权人保护、债券期限和流动性）的变化对企业价值和企业风险管理决策的影响。

第一节　企业价值与最优风险管理策略

在本节中，我们仍然按照风险类型，分别讨论了在风险管理成本的影响下，纯粹风险管理与企业价值之间的关系，以及企业的最优风险管理决策。

一、小风险条件下的企业价值与最优风险管理策略

首先，与之前的分析类似，我们来重新描述在考虑风险管理成本情况下的企业风险管理决策过程：如果风险管理成本为 c，对于任意给定的风险管理水平 β，债权人通过最大化企业价值，选择债务水平 $P(\beta)$，相应的企业价值为 $v_c(\beta)$。从所有的决策组合 $[\beta, P(\beta)]$ 中，选择能够最大化企业价值的决策组合，即可得到最优风险管理决策 (β^*, P^*)。

现在，我们来分析当企业面临较小的纯粹风险时，风险管理与企业价值之间的关系，以及企业的最优风险管理策略。我们采用了基准模型（其中的参数见表 4.1），以次均损失 $\kappa = 20\%$ 的风险为例，分析了当风险管理成本 c 分别为 0、0.1、0.3 和 0.5 时，不同的风险管理水平 β 对应的企业价值 $v_c(\beta)$，结果如图 5.1 所示。

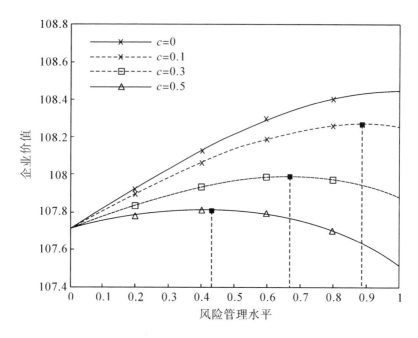

图5.1　小风险条件下风险管理水平与企业价值之间的关系

从图5.1的数值结果我们可以看出，当风险管理有成本时，随着风险管理水平 β 的上升企业价值 $v_c(\beta)$ 先单调上升，之后再下降，也就是说，企业价值的变化相对于风险管理水平呈现倒 U 形曲线。因此，企业的最优风险管理水平 β^* 不再等于1，相应的最优风险管理决策不再是完全投保。

为了验证上面的结果，我们在更低的风险管理成本 c 情况下，进一步考察了企业价值 $v_c(\beta)$ 与风险管理水平 β 之间的关系。为此，我们采用了基准模型（其中的参数见表4.1），以风险管理成本 c 为 0.01、0.001 和0.000 1为例，计算了对应的企业价值 $v_c(1)$ 与 $v_c(0.999\ 99)$，结果见表5.1。

表5.1　更低风险管理成本情况下的企业价值

c 值	$v_c(0.999\ 99)$	$v_c(1)$
$c = 0.01$	108. 428 655	108. 428 652
$c = 0.001$	108. 446 157 7	108. 446 157 4
$c = 0.000\ 1$	108. 447 909 23	108. 447 909 21

从表 5.1 的数值结果我们可以看出，随着风险管理成本的降低，尽管风险管理水平 $\beta = 0.99999$ 对应的企业价值不断接近风险管理水平 $\beta = 1$ 对应的企业价值，但是，风险管理水平 $\beta = 0.99999$ 对应的企业价值始终大于风险管理水平 $\beta = 1$ 对应的企业价值。也就是说，完全投保并不是企业的最优风险管理策略。

根据结论 4.3 可知，当不考虑风险管理成本时，企业的最优风险管理水平为 1 或者 0，相应的最优风险管理决策是要么完全投保，要么不投保。那么，与这一结果相比，考虑风险管理的成本之后，企业的最优风险管理策略为什么会存在差异呢？

我们认为，当风险管理有成本时，企业会在风险管理带来的收益和成本之间进行权衡。当企业面临的纯粹风险较小时，一方面，风险管理的边际价值随风险管理水平的上升而下降，并且，当风险管理水平趋近于 1 时，风险管理的边际价值趋近于 0；另一方面，当风险管理水平趋近于 1 时，风险管理的边际成本不趋近于 0。因此，企业的最优风险管理水平不等于 1，相应的企业最优风险管理策略不再是完全投保。为了验证这一分析，我们以风险类型 $\kappa = 20\%$、风险管理成本 $c = 0.1$ 为例来说明风险管理的边际价值，以及风险管理的边际成本的变化情况。

首先，我们认为，风险管理有成本时对应的风险管理边际价值，可以采用不考虑风险管理成本时的风险管理边际价值来近似地表示。基于此，我们使用了基准模型（其中的参数见表 4.1），计算了当风险管理成本 $c = 0$ 时，不同风险管理水平对应的风险管理边际价值，结果见图 5.2。

从图 5.2 的数值结果我们可以看出，风险管理的边际价值随着风险管理水平的提高而单调下降，特别地，当风险管理水平趋近于 1 时，风险管理的边际价值趋近于 0。这一结果与我们之前的分析是一致的。

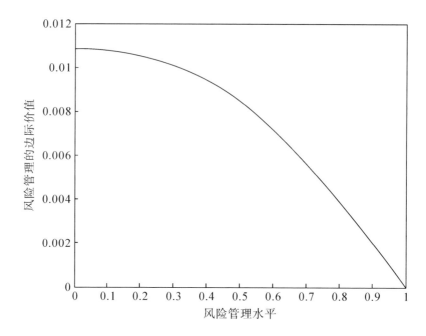

图 5.2　风险管理的边际价值

　　另外，为了观察风险管理水平趋近于 1 时，对应的风险管理的边际成本，我们对风险管理的边际成本也进行了数值模拟。具体地，我们以次均损失 $\kappa = 20\%$、风险管理成本 $c = 0.1$ 为例，对风险管理水平为 0.99、0.999、0.999 9 和 0.999 99 时对应的资产价值，分别进行了十万次的蒙特卡洛模拟，并在此基础上，计算了风险管理的边际成本，结果见表 5.2。

　　从表 5.2 的数值结果我们可以看出，当风险管理水平趋近于 1 时，风险管理的边际成本并不趋近于 0。这一结果与我们之前关于风险管理边际成本的分析是一致的。

表 5.2　风险管理水平趋近于 1 时的风险管理边际价值与风险管理边际成本

β	$v\,(\beta)$	风险管理的边际价值	风险管理的边际成本
0.99	108. 447 993 895 983 6	$1.100\ 2\times10^{-2}$	$3.232\ 2\times10^{0}$
0.999	108. 448 102 809 101 4	$1.102\ 8\times10^{-3}$	$2.796\ 8\times10^{1}$
0.999 9	108. 448 103 900 870 7	$1.103\ 1\times10^{-4}$	$2.615\ 3\times10^{2}$

表5.2(续)

β	$v(\beta)$	风险管理的边际价值	风险管理的边际成本
0.999 99	108.448 103 911 791 1	$1.103\ 0\times10^{-5}$	$6.973\ 6\times10^{2}$
1	108.448 103 911 901 4		

二、大风险条件下的企业价值与最优风险管理策略

现在，我们来进一步审视，当企业面临较大的纯粹风险时，纯粹风险管理与企业价值之间的关系，以及企业的最优风险管理策略。类似地，我们仍然采用基准模型（其中的参数见表4.1），以次均损失 $\kappa = 75\%$ 的风险为例，计算了当风险管理成本 c 分别为 0、0.1、0.2 和 0.3 时，不同的风险管理水平 β 对应的企业价值 $v_c(\beta)$，结果如图5.3所示。

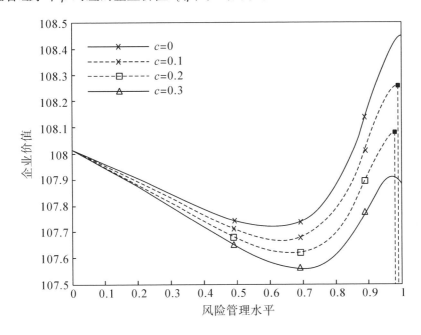

图5.3　大风险条件下企业价值与风险管理水平之间的关系

从图5.3的数值结果我们可以看出，当企业面临较大的纯粹风险时，完全投保仍然不是企业的最优风险管理策略。此外，我们发现，当风险管理成本 $c \geqslant 0.3$ 时，企业就不再投保了。

与之前的分析类似，我们认为，当风险管理水平 β 趋近于 1 时，风险管理的边际价值随风险管理水平 β 的上升而下降，并趋近于 0；同时，当风险管理水平 β 趋近于 1 时，风险管理的边际成本不趋近于 0。因此，当企业面临的纯粹风险较大时，最优风险管理水平不等于 1，相应的企业最优风险管理策略不再是完全投保。

为了验证这一分析，我们仍然采用基准模型（其中的参数见表 4.1），以次均损失 $\kappa = 75\%$ 为例，计算了当风险管理水平 β 趋近于 1 时对应的风险管理的边际价值。同时，我们以次均损失 $\kappa = 75\%$、风险管理成本 $c = 0.1$ 为例，对于风险管理水平为 0.99、0.999、0.999 9 和 0.999 99 时对应的资产价值，分别进行了十万次的蒙特卡洛模拟，并在此基础上，计算了风险管理的边际成本，结果如表 5.3 所示。

表 5.3　大风险条件下风险管理的边际价值和边际成本

β	$v\,(\beta)$	风险管理的边际价值	风险管理的边际成本
0.99	108.444 000 229 265 0	$4.103\ 7 \times 10^{-1}$	$9.831\ 1 \times 10^{0}$
0.999	108.448 061 688 003 4	$4.222\ 4 \times 10^{-2}$	$3.199\ 9 \times 10^{1}$
0.999 9	108.448 103 488 448 7	$4.234\ 5 \times 10^{-3}$	$2.355\ 3 \times 10^{2}$
0.999 99	108.448 103 907 665 6	$4.235\ 8 \times 10^{-4}$	$2.327\ 0 \times 10^{3}$
1	108.448 103 911 901 4		

从表 5.3 的数值结果我们可以看出，当风险管理水平趋近于 1 时，风险管理的边际价值单调下降并趋近于 0；风险管理的边际成本不趋近于 0。这一结果与我们上面的分析是一致的。

基于前文分析，我们可以得到以下结论：

结论 5.1：当考虑风险管理的成本时，纯粹风险管理仍然能够提升企业价值。但是，完全投保并不是企业的最优风险管理策略。

事实上，在现实中，存在很多风险分担的例子，比如，比例投保和免赔额。我们的分析结果可以看作是对这些行为的一种解释。

最后，根据之前的数值结果（见图 5.1 和图 5.3），我们可以看出，企业的最优风险管理水平和最优企业价值随着风险管理成本的增加而下降。对于这一结果可以很直观地理解：一方面，在其他条件不变的情况下，风险管理成本 c 的上升，会提高风险管理的边际成本；另一方面，风险管理的边际价值随着风险管理水平的上升而下降，因此，风险管理的边际价值与风险管理的边际成本会在更低的风险管理水平处相等，换句话说，企业的最优风险管理水平下降。此外，风险管理成本 c 的提高，会导致企业支付更多的风险管理费用，这就降低了最优企业价值。

第二节　对责任保险的进一步分析

在这一节中，我们将讨论风险类型对企业最优风险管理决策的影响，并探讨政府保费补贴对于企业购买保险的促进作用。基于这些理论分析结果，我们进一步分析了企业对环境污染责任保险的需求，并给出了政策建议。

一、不同风险类型条件下的最优保险决策

现在，我们来考察风险类型 κ 对企业的最优风险管理水平 β^* 的影响。我们采用基准模型（其中的参数见表4.1），以风险管理成本 $c = 0.2$ 为例，计算了当风险类型 $\kappa \in (0，1)$ 时，不同风险类型 κ 对应的最优风险管理水平 β^*，结果如图5.4所示。

从图5.4的数值结果我们可以看出，当纯粹风险很小时，企业的最优风险管理水平为0，也就是说，企业的最优风险管理决策是不投保。我们认为，当企业面临的纯粹风险很小时，风险管理的边际价值始终低于风险管理的边际成本，因此企业选择不投保。事实上，在现实中，许多企业对于小损失都会选择完全自担，我们的分析结果可以看作是对这种行为的一种解释。

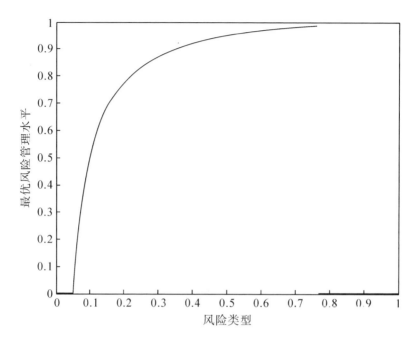

图 5.4　不同风险类型对应的最优风险管理水平

另外，从图 5.4 中我们发现，随着纯粹风险的增大，企业的最优风险管理水平逐渐提高。这是因为，随着纯粹风险的增大，风险管理的边际价值在更高的风险管理水平上等于风险管理的边际成本，因此，企业的最优风险管理水平上升。当纯粹风险增大到一定程度后，类似于风险管理成本 $c = 0$ 且风险类型 $\kappa = 90\%$ 的情况，不投保对应的企业价值将大于任意非零投保水平对应的企业价值，此时，企业选择不投保。

现在，我们仍然利用上面的分析结果来探讨企业对环境污染责任保险的需求。在前文中我们已发现，在不考虑附加保费的情况下，当企业的环境污染风险类型 κ 特别大时，企业的最优保险决策是不投保环境污染责任保险。而其他环境污染风险类型的企业，其最优保险决策是投保环境污染责任保险。然而，在现实中，环境污染责任保险的保费中通常包含附加保费，即便保险公司没有盈利要求，也需要通过附加保费来支付公司的各种费用支出。结合前文的分析结果可知，附加保费进一步抑制了企业对环境污染责任保险的需求。与不考虑附加保费的情况相比，除了环境污染高风险企业选择不投保环境污染责任保险之外，一些环境污染低风险企业也选择不投保环境污染责任保险。那么，这是否就意味着对环境污染低风险企业也要采用强制责任保险制度呢？我们认为，当考虑附加保费时，尽管部分环境污染低风险企业也选择不投保环境污染责任保险，但是，由于环境污染低风险企业的环境危害小，而采用强制保险的方式会产生较大的社会成本，因此，对于环境污染低风险企业没有必要采用强制保险的方式。换句话说，当前我国针对环境污染高风险领域开展强制责任保险的政策是恰当的。

此外，企业环境污染风险类型 κ 较小，意味着其面临的潜在索赔较小。这种状况可能源于企业本身的环境污染风险较小，也可能是因为环境违法成本较小。环境违法成本是影响企业环境污染责任保险需求的重要因素。事实上，企业在做出保险决策时，会权衡投保环境污染责任保险的收益和成本。当环境违法成本较小时，投保环境污染责任保险带来的边际价值始终低于其边际成本，因此，企业不愿意投保环境污染责任保险。在我国环境污染责任保险早期试点过程中，环境违法成本较小，导致企业对环境污染责任保险需求不足[①]。我们的分析结果可以对此行为提供解释。

二、政府保费补贴

在前文中，我们考察了风险管理成本对企业价值以及企业的最优风险管理决策的影响。然而，在之前的分析中，我们都假设风险管理成本大于0，那么，我们不禁要问，风险管理成本是否可以为负？如果风险管理成本为负，企业的最优风险管理决策和企业价值又会发生什么变化呢？

事实上，在现实中，针对纯粹风险的风险管理，比如，购买财产保险等，确实存在成本为负的情况。在保险实务中，政府通常会为某些保险提供保费补贴，比如农业保险和巨灾保险等。

为了考察当风险管理成本为负时，企业的最优风险管理决策，我们使

---

① 王烨. 环境污染责任保险投保企业不足三成 违法成本低为主因[EB/OL]. (2014-07-30) [2025-04-04]. https://business.sohu.com/20140730/n402889708.shtml.

用了基准模型（其中的参数见表4.1），以风险管理成本 $c = -0.2$ 为例，计算了当风险类型 $\kappa \in (0, 1)$ 时，不同风险类型 κ 对应的最优风险管理水平 β^*，结果如图5.5所示。

从图5.5中我们可以看出，当风险管理成本为负时，企业的最优风险管理策略要么是不投保，要么是完全投保。我们认为，一方面，当风险管理成本为负时，风险管理成本会对企业价值产生正向的影响；另一方面，风险管理的边际价值的影响与之前的分析类似，因此，当风险管理成本为负时，企业的最优风险管理策略要么是完全投保，要么是不投保。

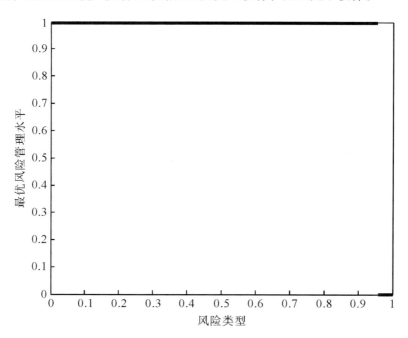

图5.5　风险管理成本为负时不同风险类型对应的企业最优风险管理水平

根据上面的分析，风险管理成本为负的情况，可以对应现实中政府为企业购买保险提供保费补贴。另外，由之前的结果可知，在不考虑风险管理成本的情况下，当企业面临的风险特别大时，企业的最优风险管理水平为0。事实上，正如前面所说，对于特别大的纯粹风险，企业选择不投保的行为在现实中是普遍存在的，并且也是企业的理性选择。如果政府想要引导企业选择恰当的风险管理水平，是否可以通过对保费进行补贴达到目的呢？

为了分析这一问题，我们使用了基准模型（其中的参数见表4.1），以 $\kappa = 90\%$ 的风险为例，分别计算了当风险管理成本 $c = 0$、$c = -0.05$，$c = -0.1$ 时，不同的风险管理水平对应的企业价值，结果见图5.6。

从图5.6中我们可以看出，如果不考虑风险管理成本，企业的最优风险管理水平为0；当风险管理成本 $c = -0.05$ 时，企业的最优风险管理水平仍然为0；当风险管理成本 $c = -0.1$ 时，企业的最优风险管理水平为1。也就是说，政府确实可以通过提供保费补贴来促进企业购买保险。这一结果可以看作是对政府补贴巨灾保险保费的一种解释。除此之外，在我国环境污染责任保险试点过程中，各试点地区大多采用了保费补贴的方式来促进企业投保环境污染责任保险[①]。我们的分析结果也表明，政府的保费补贴可以促进企业对环境污染责任保险的需求，从而从理论上证实了政府保费补贴政策的有效性。

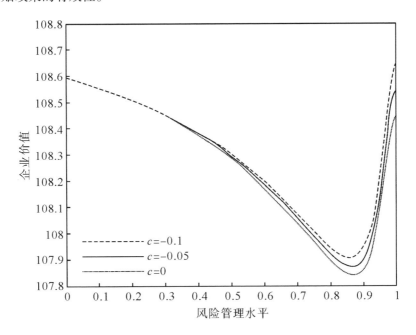

图 5.6 不同保费补贴水平情况下风险管理水平与企业价值之间的关系

---

① 例如，根据深圳市生态环境局发布的《2024年度深圳市生态环境专项资金项目申报指南》，对于参加环境污染责任保险的企事业单位和其他生产经营者可按上年度实缴保费的20%给予补贴。

此外，前文提到，在考虑附加保费的情况下，部分环境污染高风险企业也会选择不投保环境污染责任保险。目前我国环境污染强制责任保险只针对环境污染高风险领域开展，对于环境污染低风险企业，并没有采用强制保险的方式。但是，这些环境污染低风险企业，仍然有可能会造成环境破坏，损害社会公众的利益，同时，企业自身的生产经营也可能因为承担赔偿责任而陷入困境。由于环境污染责任保险同时具备经济补偿和社会治理的功能，因此，从社会的角度来看，对于这些环境污染低风险企业来说，投保环境污染责任保险仍然是有必要的。结合我们的分析，对于环境污染低风险领域的企业，可以采用政府保费补贴的方式来促进它们投保环境污染责任保险。

三、保险+信贷

在前文中，我们讨论了政府保费补贴对于企业投保环境污染责任保险的促进作用。此外，在我国环境污染责任保险试点过程中，许多地区将环境污染责任保险投保与银行信贷挂钩①，以此来促进企业投保环境污染责任保险（谢慧明、李中海、沈满洪，2014；顾向一、陈诗一，2020）。根据原环保部和原保监会在 2013 年发布的《关于开展环境污染强制责任保险试点工作的指导意见》，按照规定投保的企业，将优先获得金融机构的信贷支持。也就是说，投保环境污染责任保险的企业可以享受金融机构的信贷优惠政策和支持。在本小节中，我们将从理论上分析"保险+信贷"是否能够促进企业投保环境污染责任保险。

为了研究这个问题，我们首先对基本模型进行拓展。我们假设，企业能够获得的信贷融资（债务水平 P）与企业保险水平 β 存在如下关系：

$$\bar{P} = (V_0 - \tilde{P})\beta + \tilde{P},$$

其中，$\tilde{P}$ 代表企业能够获得的信贷融资的最低水平，即当企业选择不投保时能够获得的信贷融资水平。$\bar{P}$ 代表企业能够获得的信贷融资的上限（ $\bar{P} \leqslant \bar{P}$

---

① 朱艳霞，梅琳. 环境污染责任保险"湖州模式"：防重于赔［EB/OL］. (2018-06-05)［2025-03-25］. http://xw.cbimc.cn/2018-06/05/content_263021.htm.

≤ V_0），当企业选择不投保时，企业信贷融资上限 $\bar{P} = \tilde{P}$；当企业选择完全投保时，企业信贷融资上限 $\bar{P} = V_0$。也就是说，随着企业的保险水平不断提高，其贷款融资上限不断提升，企业面临的信贷融资约束越来越小。因此，企业价值最大化问题可以表示为

$$\max_{(P, \beta) \in A} : v(V; \pi(V, \beta) P, \beta)$$

其中，$A = \{(P, \beta) \mid P \in (0, \bar{P}), \beta \in [0, 1] \}$。

结合前文的数值结果可知，对于 $\kappa = 90\%$ 的风险类型，企业的最优保险决策是不投保环境污染责任保险。在考虑附加保费的情况下，企业的最优保险决策依然是不投保环境污染责任保险，即 $\beta^* = 0$。利用拓展后的模型，对于 $\kappa = 90\%$ 的风险类型，假设风险管理成本 $c = 0.2$（其中的参数见表4.1），我们从数值上计算了企业的最优保险水平为 $\beta^* = 0.04$，也就是说，"保险+信贷"模式的确可以激励企业投保环境污染责任保险。需要指出的是，尽管与政府的保费补贴相比，"保险+信贷"对企业投保环境污染责任保险的促进作用看似较小，但是，与直接进行保费补贴这种行政手段相比，"保险+信贷"毕竟是利用市场化方式激励企业投保环境污染责任保险，其成本也更小。因此，与前文的建议类似，在当前针对环境污染高风险领域开展强制责任保险的背景下，对于环境污染低风险领域的企业，"保险+信贷"也是一种激励企业投保环境污染责任保险的方式。

第三节　比较静态分析

在前面的分析中，我们讨论了风险管理成本对企业价值和企业风险管理决策的影响。在本节中，我们将进一步考察企业面临的外生环境（债权人保护、债券期限和流动性水平）的变化对企业价值和企业风险管理决策的影响。

一、债权人保护

债权人保护一直是公司金融中的热门研究主题。大量研究表明，如果

债权人的权利能够得到更好的保护，比如，建立对于债权人更加友好的法律环境，那么，债权人供给信用的意愿就会得到提升（Haselmann、Pistor、Vig，2010），从而促进资本市场的发展（LA Porta、Lopez－De－Silanes、Shleifer、Vishny，1997、1998）。另外，Cerqueiro 和 Penas（2017）以及 Davydenko 和 Franks（2008）指出，当企业破产时，资产的回收率是一个反映债权人保护程度的重要指标。因此，通过改变破产成本率 α，我们可以审视债权人保护对企业价值和企业风险管理决策的影响。

在这里，我们采用基准模型（其中的参数见表4.1），计算了当风险类型 $\kappa = 20\%$ 且风险管理成本 $c = 0.1$ 时，不同的债权人保护水平对应的最优企业价值 v^*、最优杠杆率 LR^*、最优债务水平 P^* 和最优风险管理水平 β^*，结果见表5.4。

表5.4　债权人保护对企业价值和企业风险管理决策的影响

α	v^*	$LR^*/\%$	P^*	β^*
0	118.335 1	196.610 5	80.05	0.893 4
0.1	115.548 2	139.240 3	67.89	0.893 2
0.2	113.247 0	103.955 3	57.84	0.892 7
0.3	111.316 1	80.276 7	49.41	0.891 9
0.4	109.675 6	63.386 0	42.25	0.890 9
0.5	108.268 0	50.775 4	36.10	0.889 6
0.6	107.051 1	41.070 1	30.79	0.888 1
0.7	105.993 0	33.395 3	26.17	0.886 4
0.8	105.069 1	27.202 7	22.13	0.884 3
0.9	104.260 1	22.149 5	18.60	0.881 9
1	103.550 7	17.963 2	15.50	0.879 0

根据表5.4的数值结果，我们可以得出如下结论：首先，如果债权人能够得到更好的保护（破产成本率 α 下降），企业的最优杠杆率将上升。事实上，许多关于债权人保护与债务融资的实证研究也得出了类似的结论（Davydenko、Franks，2008；Bae、Goyal，2009；Haselmann 等，2010；Cer-

queiro、Penas，2017）。其次，我们发现，最优风险管理水平随着债权人保护程度的上升而上升。Acharya、Amihud 和 Litov（2011）指出，更好的债权人保护可以降低企业面临的风险。这一研究结论可以看作是对我们的研究的支持。最后，我们发现，最优企业价值也会随着债权人保护程度的上升而上升。

二、债券期限

在发行债券时，对债券期限的选择是企业的一项重要决策。Leland 和 Toft（1996）指出，随着债券期限的缩短，企业的最优杠杆率和最优企业价值会下降。Johnson（2003）研究发现，短期债券会给企业带来流动性风险，从而降低企业的杠杆率。He 和 Xiong（2012a）也指出，更短的债券期限会给企业带来更大的展期风险，并影响企业的融资决策。Diamond 和 He（2014）提到，在不考虑投资成本的情况下，企业价值会随着债券期限的延长而上升。在我们的模型中，也包括了债券期限这一参数，那么，债券期限的变化如何影响企业价值和企业风险管理决策？我们的分析结果是否与之前的研究一致？

在我们的模型中，债券的平均期限为 $1/m$。我们仍然采用基准模型（其中的参数见表 4.1），计算了当风险类型 $\kappa = 20\%$ 且风险管理成本 $c = 0.1$ 时，不同的债券期限对应的最优企业价值 v^*、最优杠杆率 LR^*、最优债务水平 P^* 和最优风险管理水平 β^*，结果见表 5.5。

表 5.5 债券期限对企业价值和企业风险管理决策的影响

m	v^*	$LR^*/\%$	P^*	β^*
0.1	110.637 0	72.008 3	46.44	0.888 8
0.2	108.268 0	50.775 4	36.10	0.889 6
0.3	107.143 1	41.694 8	31.19	0.891 2
0.4	106.464 9	36.565 1	28.23	0.892 5
0.5	106.003 1	33.221 2	26.21	0.893 7
0.6	105.664 3	30.854 1	24.73	0.894 8

表5.5(续)

m	v^*	$LR^*/\%$	P^*	β^*
0.7	105.402 9	29.079 0	23.59	0.895 6
0.8	105.193 7	27.691 9	22.68	0.896 4
0.9	105.021 6	26.553 2	21.92	0.897 1
1	104.877 1	25.623 3	21.29	0.897 7

从表5.5的数值结果我们可以发现，首先，随着债券期限的缩短（更大的 m），最优的企业价值下降。这一结果与 Leland 和 Toft（1996）、He 和 Xiong（2012b）以及 Diamond 和 He（2014）的研究是一致的。此外，随着债券期限的缩短，最优杠杆率下降。事实上，Acharya、Gale 和 Yorulmazer（2011），He 和 Xiong（2012a），Johnson（2003）以及 Mackay（2003）都得到了类似的研究结论。最后，最优风险管理水平随着债券期限的缩短而上升。Leland（1998）指出，随着债券期限的缩短，企业的风险管理决策转换点会下降，这意味着企业在更大的资产价值范围内进行风险管理。这一研究结果可以看作是对我们的研究的支持。

三、流动性

流动性一直是公司金融领域内的热门研究主题。Rampini 和 Viswanathan（2010、2013）指出，更低的流动性水平，会限制企业用于投资和风险管理的资金。特别地，如果企业极度缺乏流动性，企业甚至会出售部分资产以筹措资金（Bolton 等，2011）。显然，这是不利于企业的。在我们的模型中，δ 代表企业对所有投资者的支付率。我们认为，更高的支付率会降低企业的流动性水平。因此，通过改变支付率 δ，我们可以审视不同的流动性水平对企业价值和企业风险管理决策的影响。

在这里，我们采用基准模型（其中的参数见表4.1），计算了当风险类型 $\kappa = 20\%$ 且风险管理成本 $c = 0.1$ 时，不同的流动性水平对应的最优企业价值 v^*、最优杠杆率 LR^*、最优债务水平 P^* 和最优风险管理水平 β^*，结果见表5.6。

表 5.6 流动性对企业价值和企业风险管理决策的影响

δ	v^*	$LR^*/\%$	P^*	β^*
0	112.630 9	75.949 4	48.38	0.91
0.01	110.329 3	62.345 4	42.05	0.9
0.02	108.268 0	50.775 4	36.10	0.89
0.03	106.510 7	41.197 7	30.71	0.87
0.04	105.078 2	33.469 5	26.00	0.86
0.05	103.950 6	27.342 8	22.00	0.84
0.06	103.082 9	22.532 0	18.67	0.82
0.07	102.422 9	18.762 7	15.93	0.8
0.08	101.922 4	15.790 8	13.68	0.77
0.09	101.541 7	13.428 5	11.83	0.75
0.1	101.250 2	11.541 5	10.31	0.72

根据表 5.6 的数值结果，我们可以得出以下结论：首先，随着流动性水平的下降（更高的支付率 δ），最优的企业价值下降。这一结论与 Bolton 等（2011、2013）的研究是一致的。其次，最优杠杆率随着流动性水平的下降而下降。事实上，Sibilkov（2009）的实证研究发现杠杆率与企业的流动性存在正相关关系，这与我们的研究结论也是一致的。Johnson（2003）指出，更大的流动性风险会降低企业的最优杠杆率，这也可以看作是对我们的研究的支持。最后，当企业流动性下降时，最优的风险管理水平下降。Rampini 和 Viswanathan（2010，2013）以及 Rampini 等（2014）都发现，企业的流动性水平越低，其风险管理水平也会更低。这与我们的研究结论是一致的。

第六章 股东、债权人
与保险代理问题研究

在前面的分析中，我们构建了纯粹风险模型和纯粹风险管理模型，在此基础上，我们分析了纯粹风险管理与企业价值之间的关系，以及企业的最优风险管理决策和最优资本结构等问题。此外，我们进一步考虑了风险管理中的一种重要摩擦，即风险管理成本，审视了风险管理成本对企业价值和企业风险管理决策的影响。

根据前文的分析，我们知道，债务水平 P 和风险管理水平 β 分别是债权人和股东的决策。同时，债务水平 P 和风险管理水平 β 之间存在着相互影响。一方面，风险管理会改变企业资产的风险收益特征，进而影响债权人选择的债务水平 P；另一方面，债务水平 P 的变化会影响企业的破产水平 V_B，进而改变股东选择的风险管理水平 β。因此，我们认为，风险管理水平 β 相对于债务水平 P 的决策顺序，可能会影响企业价值。

另外，根据 Jensen 和 Meckling（1976）的研究，在企业的债务水平确定之后，股东会提高企业的风险，以牺牲债权人的利益为代价来增加股东价值。股东的这一行动将导致企业价值下降，产生代理成本。基于 Jensen 和 Meckling 关于代理问题的分析，后来的研究者（Smith、Stulz，1985；Leland，1998；Bhanot、Mello，2006；Purnanandam，2008；Panageas，2010）研究了股东与债权人关于投机风险管理决策的代理问题。如果债权人在购买债券时，没有与股东约定风险管理水平，那么，在债券发行后，股东很有可能会根据自身利益最大化需要来选择风险管理水平，以损害债权人的利益为代价来增加股东价值，从而产生代理问题。类似的，Chen 等（2024）首次研究了股东与债权人关于纯粹风险管理决策的代理问题。但是，他们的研究假设企业只有投保和不投保两个决策，并且，没有考虑这种代理问题对企业最优资本结构的影响。

基于此，在本章中，我们将以保险为例，进一步考察股东与债权人之间的纯粹风险管理决策。与 Chen 等（2024）不同的是，我们放松了关于企业投保水平只能为 0 或者 1 的假设，允许企业的投保比例 $\beta \in [0, 1]$，在此基础上，考察股东与债权人关于纯粹风险管理决策的代理问题的存在性，并分析这种代理问题对企业的最优风险管理决策和最优资本结构的影响。为了方便，本章的分析不考虑风险管理的成本。

第一节　事前决策与事后决策

在本节中，根据企业的风险管理水平是否在发行债券时提前约定，我们定义了两种风险管理决策模式，进一步拓展了之前建立的纯粹风险管理模型。同时，我们将从理论上分析股东与债权人关于保险选择的代理问题的存在性。

根据前面的分析，我们知道，风险管理水平相对于债务水平的决策顺序可能会影响企业价值。因此，类似于 Leland（1998）的研究，根据是否在债券发行的同时约定风险管理水平，我们分别定义了事前决策和事后决策两种决策模式[①]。

事前决策：企业在发行债券的同时，股东与债权人就企业的风险管理水平进行约定。换句话说，债权人和股东同时选择债务水平 P 与风险管理水平 β 来最大化企业价值，即：

---

① 本书中关于事前决策和事后决策的定义与 Leland（1998）的研究是一致的。在两种决策模式下，债权人的目标始终是最大化企业价值。在事前决策时，股东在决定风险管理水平时会考虑企业价值最大化，而之后在决策企业是否破产时，会考虑股东价值最大化。在事后决策时，股东的目标始终都是股东价值最大化。

$$\max_{(\beta,\ P)\ \in A_{ante}}:\ v[\,V;\ \pi(V;\ \beta)\,P,\ \beta\,]$$

其中，$A_{ante} = \{(\beta,\ P)\ |\beta \in [0,\ 1],\ P \in (0,\ V_0)\}$，称为事前决策时的决策集合。

事后决策：在债权人购买债券之后，股东再做出风险管理决策。换句话说，对于债权人选择的债务水平 P，股东根据股东利益最大化原则确定风险管理水平 $\beta(P)$。基于此，在初始时刻，债权人根据自身对于股东行为的理性预期，并根据企业价值最大化原则选择相应的债务水平，即①

$$\max_{(\beta,\ P)\ \in A_{post}}:\ v(V;\ \pi(V;\ \beta)\,P,\ \beta(P)\,)$$

其中，$A_{post} = \{(\beta(P),\ P)\ |P \in (0,\ V_0)\}$，称为事后决策时的决策集合。

显然，事后决策集合 A_{post} 是事前决策集合 A_{ante} 的子集。在这里，我们假设 $(\beta^*,\ P^*)$ 是事前决策时的最优决策。如果事前决策时的最优决策 $(\beta^*,\ P^*)$ 也在事后决策集合 A_{post} 中，那么，事后决策时的最优决策也是 $(\beta^*,\ P^*)$，并且，事后决策时的最优企业价值与事前决策时一致。此时，股东与债权人之间关于保险选择的代理问题不存在。如果事前决策时的最优决策 $(\beta^*,\ P^*)$ 不在事后决策集合 A_{post} 中，那么，事后决策时的最优决策与事前决策存在差异，同时，事后决策时的最优企业价值低于事前决策时的最优企业价值。此时，股东与债权人之间关于保险选择的代理问题存在。

第二节　事后决策时的最优风险管理策略

在上一节中，我们根据风险管理决策相对于债务决策的决策顺序，定义了事前决策和事后决策两种决策模式。根据结论 3.3 可知，事前决策时的最优风险管理水平 β^* 等于 1 或者 0。同时，根据上一节的分析，我们知道，事前决策时的最优决策与事后决策时的最优决策可能存在差异。因此，在本节中，我们来进一步考察事后决策模式下企业的最优风险管理策略。

---

① 在事后决策时，存在一个额外的约束条件，即股东根据债权人选择的债务水平 P，通过最大化股东价值，选择风险管理水平 $\beta(P)$，即 $\beta(P) = argmax_{\beta}:\ S(V;\ \pi(V;\ \beta)\,P,\ \beta)$。

根据事后决策的定义可知，在事后决策时，对于任意给定的债务水平 P，股东通过最大化股东价值 $S(\beta, P)$，选择风险管理水平 $\beta(P)$。因此，为了得出事后决策时企业的最优风险管理水平，我们首先需要分析不同风险类型 κ 和债务水平 P 对应的风险管理水平 $\beta(P)$。

现在，我们以次均损失 $\kappa = 20\%$ 的风险为例，来分析不同风险管理水平 β 和债务水平 P 对应的股东价值 $S(\beta, P)$。但是，股东价值 $S(\beta, P)$ 相对于风险管理水平 β 的变化比较复杂，为了方便，我们按照债务水平的高低来进行讨论。

当债务水平 P 相对较低时，我们以 $P = 20$ 为例，股东价值 $S(\beta, P)$ 相对于风险管理水平 β 的变化如图 6.1 所示。从图 6.1 的数值结果我们发现，股东价值 $S(\beta, 20)$ 随着风险管理水平 β 的上升而上升，并在 $\beta = 1$ 时达到最大。因此，对于给定的债务水平 $P = 20$，股东根据自身利益最大化需要来选择的风险管理水平 $\beta(20) = 1$。

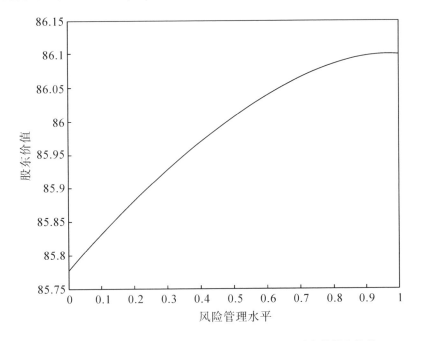

图 6.1　债务水平 $P = 20$ 时，不同风险管理水平对应的股东价值

当债务水平 P 相对较大时，我们以 $P = 60$ 和 $P = 65$ 为例，股东价值 $S(\beta, P)$ 相对于风险管理水平 β 的变化如图 6.2 和图 6.3 所示。从两个图的数值结果我们可以知道，股东价值 $S(\beta, P)$ 的变化相对于风险管理水平 β 呈现 U 形曲线，即先单调下降之后再单调上升，此时股东根据自身利益最大化需要来选择的风险管理水平 $\beta(P) = 1$ 或 0，最终结果取决于二者对应的股东价值的大小。

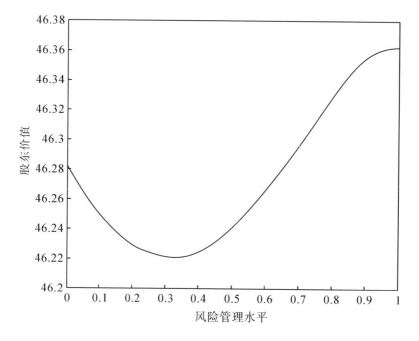

图 6.2　债务水平 $P = 60$ 时，不同风险管理水平对应的股东价值

当债务水平 P 很大时，我们以 $P = 90$ 为例，股东价值 $S(\beta, P)$ 的变化相对于风险管理水平 β 的变化如图 6.4 所示。股东价值 $S(\beta, 90)$ 随着风险管理水平 β 的上升而下降，并在 $\beta = 0$ 时达到最大。因此，对于给定的债务水平 $P = 90$，股东根据自身利益最大化需要来选择的风险管理水平 $\beta(90) = 0$。此外，对于其他的债务水平，我们也可以得到类似的结果。

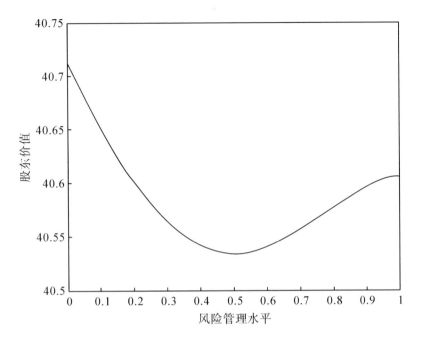

图 6.3 债务水平 $P = 65$ 时，不同风险管理水平对应的股东价值

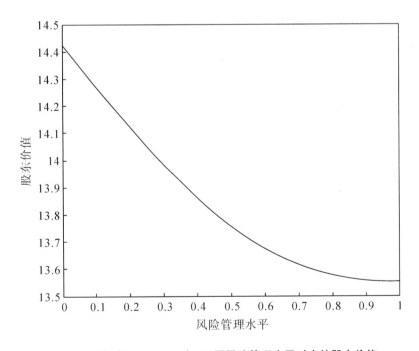

图 6.4 债务水平 $P = 90$ 时，不同风险管理水平对应的股东价值

根据上面的分析，我们可以知道，当次均损失 $\kappa = 20\%$ 时，对于任意的债务水平 P，股东选择的风险管理水平 $\beta(P) = 1$ 或 0。进一步地，对于其他的风险类型 κ，我们也可以得到类似的结果。接下来，结合这一结果，我们来重新描述事后决策过程。

首先，我们来重新考察事后决策时的决策集合 A_{post}。由前文可知，事后决策时的决策集合 $A_{post} = \{(\beta(P)，P) \mid P \in (0，V_0)\}$。同时，根据上面的分析可知，在事后决策时，对于任意给定的债务水平 P，股东选择的风险管理水平 $\beta(P)$ 等于 1 或者 0。因此，根据股东选择的风险管理水平，我们可以将事后决策时的决策集合 A_{post} 拆分为两个集合，即 $A_{post} = A_{post}^0 \cup A_{post}^1$，其中

$$\begin{cases} A_{post}^0 = \{(0，P) \mid P \in (0，V_0)，\beta(P) = 0\} \\ A_{post}^1 = \{(1，P) \mid P \in (0，V_0)，\beta(P) = 1\} \end{cases}$$

在这里，A_{post}^0 意味着，对于债权人选择的债务水平 P，股东选择的风险管理水平 $\beta(P) = 0$；对应的 A_{post}^1 意味着，对于债权人选择的债务水平 P，股东选择的风险管理水平 $\beta(P) = 1$。

现在，我们来重新描述事后决策过程：首先，债权人在决策集合 A_{post}^0（或者 A_{post}^1）中，选择能够最大化企业价值的债务水平 P^0（或者 P^1），对应的企业价值为 v^0（或者 v^1）。其次，债权人通过比较 v^0 和 v^1 的大小，确定最优债务水平。该决策过程的数学形式可以表示为

$$\max_{(\beta，P) \in A_{post}} : v = \max : \{v^0 = \max_{(\beta，P) \in A_{post}^0} : v，v^1 = \max_{(\beta，P) \in A_{post}^1} : v\}.$$

基于上面的分析，我们来考察企业价值为 v^0 和 v^1 时企业债务水平的变化。我们采用基准模型（其中的参数见表 4.1），计算了当风险类型 $\kappa \in (0，1)$ 时，对应的企业价值为 v^0 和 v^1，结果如图 6.5 所示。

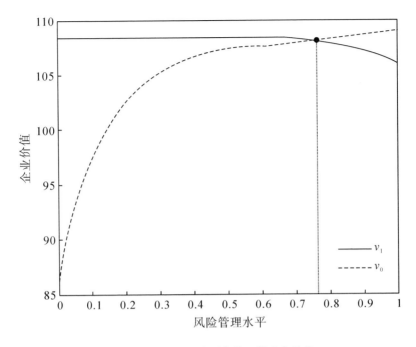

图 6.5　不同风险类型条件下的企业价值

从图 6.5 的数值结果我们可以看出，当次均损失 $\kappa < B$（在图 6.5 中，$B \approx 76.216\,99\%$）时，企业价值 $v^1 > v^0$，此时，债权人选择债务水平 P^1，股东选择完全投保。当次均损失 $\kappa > B$ 时，企业价值 $v^1 < v^0$，此时，债权人选择债务水平 P^0，股东选择不投保。当次均损失 $\kappa = B$ 时，企业价值 $v^1 = v^0$，此时，债权人选择债务水平 P^1 和 P^0 是没有差异的。综合上述分析，我们可以得出如下结论：

结论 6.1：在事后决策且不考虑风险管理成本的情况下，当企业面临的纯粹风险较小时，企业的最优风险管理水平是 1，相应的最优风险管理决策为完全投保；当企业面临的纯粹风险较大时，企业的最优风险管理水平为 0，相应的最优风险管理决策为不投保。

第三节　代理问题的存在性及其对资本结构的影响

在本章第一节中，我们结合事前决策、事后决策以及决策集合的定义，从理论上分析了代理问题的存在性。在本节中，我们将进一步通过数值分析验证之前的分析。另外，通过上一节的分析，我们知道，事前决策和事后决策时的最优风险管理水平可能存在差异。债务水平与风险管理水平之间存在着相互影响，因此，事前决策和事后决策时的最优资本结构也可能存在差异。所以，在本节中，我们分析了代理问题对企业最优资本结构的影响。需要说明的是，通过之前的分析我们发现，最优债务水平的变化与最优杠杆率是一致的，因此，为了方便，我们用最优债务水平替代最优杠杆率来刻画企业的资产结构。

一、代理问题的存在性

在前面的分析中，我们从理论上说明了股东与债权人关于保险选择的代理问题可能存在。这一部分，我们将通过数值分析来进一步分析股东与债权人关于保险选择的代理问题的存在性。

现在，我们来考察股东与债权人关于保险选择的代理问题的存在性。为此，对于事前决策和事后决策，我们分别采用了基准模型（其中的参数见表4.1），计算了不同风险类型条件下的最优债务水平 P^*、最优风险管理水平 β^* 以及最优企业价值 v^*。在这里，为了方便，我们只给出一些具有代表性的数值例子（见表6.1）。需要指出的是，其他风险类型条件下的数值结果与我们给出的数值例子是一致的。

表 6.1 不同风险类型和风险管理决策模式下的最优企业价值和最优风险管理决策

风险类型 κ	事前决策			事后决策		
	v^*	P^*	β^*	v^*	P^*	β^*
20%	108.448 103 988	36.627	1	108.448 103 988	36.627	1
61.124 2%	108.448 103 988	36.627	1	108.448 103 988	36.627	1
A（$\approx$61.124 25%）	108.448 103 988	36.627	1	108.448 103 988	36.627	1
61.124 3%	108.448 103 988	36.627	1	108.448 103 983	36.626	1
75%	108.448 103 988	36.627	1	108.116 334 398	29.933	1
80%	108.448 103 988	36.627	1	108.196 850 236	42.305	0
86.434 868 6%	108.448 103 988	36.627	1	108.448 103 987	42.952	0
C（$\approx$86.434 868 62%）	108.448 103 988	36.627	1	108.448 103 988	42.952	0
86.434 868 7%	108.448 103 991	42.952	0	108.448 103 991	42.952	0
90%	108.593 898 554	43.282	0	108.593 898 554	43.282	0

从表 6.1 的数值结果我们发现，当风险类型 $\kappa < A$ 或者 $\kappa > C$ 时，事前决策时的最优企业价值 v^*、最优债务水平 P^* 以及最优风险管理水平 β^*，与事后决策时是一致的。这就意味着股东与债权人之间关于保险选择的代理问题不存在。当风险类型 $\kappa \in (A, C)$ 时，事前决策时的最优风险管理决策为（$\beta^* = 1$，$P^* = 36.627$），相应的最优企业价值为 108.448 103 988，事后决策时的最优风险管理决策以及对应的最优企业价值与事前决策存在差异。换句话说，股东与债权人之间关于保险选择的代理问题存在。总之，根据上面的数值结果，我们可以知道，股东与债权人之间关于保险选择的代理问题是否存在依赖于风险类型如何。

二、代理问题对资本结构的影响

现在，我们来讨论代理问题对资本结构的影响。Leland（1998）指出，股东与债权人之间关于风险管理选择的代理问题会降低企业的最优杠杆率。但是，从数值结果（见表 6.1）中我们可以看出，代理问题并不总是降低企业的最优杠杆率。比如，在表 6.1 中，当风险类型 $\kappa = 75\%$ 时，事后决策时的最优杠杆率低于事前决策时的最优杠杆率；另外，当风险类型

$\kappa = 80\%$ 时，事后决策时的最优杠杆率高于事前决策时的最优杠杆率。那么，我们不禁要问，为什么我们的结果会与 Leland 的结果存在差异呢？

为了回答上面的问题，对于决策集合 A_{post}^0 和 A_{post}^1，我们采用了基准模型（其中的参数见表4.1），计算了当风险类型 $\kappa \in (A，C)$ 时，债权人选择的债务水平 P^0 和 P^1，以及相应的企业价值 v^0 和 v^1，结果见表6.2。

从表6.2中我们可以看出，对于决策集合 A_{post}^0，随着风险类型 κ 从 A 提高到 C，债务水平 P^0 和企业价值 v^0 随之上升；对于决策集合 A_{post}^1，随着风险类型 κ 从 A 提高到 C，债务水平 P^1 和企业价值 v^1 随之下降。最终，债权人会选择更大企业价值对应的债务水平，也就是说，在给定风险类型 κ 的情况下，如果企业价值 v^0 大于企业价值 v^1，那么，债权人会选择债务水平 P^0；如果企业价值 v^1 大于企业价值 v^0，则债权人选择债务水平 P^1。此外，当风险类型 $\kappa = B$ 时，债务水平 P^0 对应的企业价值 v^0 等于债务水平 P^1 对应的企业价值 v^1，换句话说，债权人选择债务水平 P^0 或者债务水平 P^1 是没有差异的。

表6.2　风险管理决策集合 A_{post}^0 和 A_{post}^1 对应的风险管理决策与企业价值

风险类型 κ	风险管理决策集合 A_{post}^0			风险管理决策集合 A_{post}^1		
	v^0	P^0	β (P^0)	v^1	P^1	β (P^1)
A （≈61.124 25%）	107.593 2	40.008	0	108.448 1	36.627	1
62%	107.615 2	40.128	0	108.446 7	36.193	1
70%	107.846 7	41.164	0	108.308 7	32.309	1
76%	108.050 1	41.869	0	108.068 5	29.460	1
B （≈76.216 99%）	108.057 8	41.894	0	108.057 8	29.358	1
77%	108.086 0	41.981	0	108.017 7	28.988	1
80%	108.196 9	42.305	0	107.847 2	27.574	1
86%	108.430 6	42.910	0	107.424 9	24.741	1
C （≈86.434 868 62%）	108.448 1	42.952	0	107.390 1	24.535	1

基于上面的分析，我们可以知道，当风险类型 $\kappa \in (A，B)$ 时，债务水平 P^1 对应的企业价值 v^1 更大，所以债权人选择的最优债务水平为 P^1，这

一债务水平低于事前决策时的最优债务水平 $P^* = 36.627$；当风险类型 $\kappa \in (B, C)$ 时，债务水平 P^0 对应的企业价值 v^0 更大，所以债权人选择的最优债务水平为 P^0，这一债务水平高于事前决策时的最优债务水平。

Leland（1998）的研究表明，股东与债权人之间关于风险管理选择的代理问题会降低企业的最优杠杆率（或者说最优债务水平）。然而，他的研究假设，企业资产价值变化的波动率在20%到30%之间变动，这就意味着企业资产面临的风险被限制在一个较小的范围内。事实上，在我们的研究中，如果假设风险类型 $\kappa \in (A, B)$，我们也可以得到类似的结论。通过上面的分析，我们解释了为什么我们的结果会与 Leland 存在差异。

基于上面的分析，我们可以得出以下结论：

结论 6.2：在不考虑风险管理成本的情况下，当企业面临的纯粹风险较小或者特别大时，股东与债权人之间关于保险选择的代理问题不存在；当企业面临的纯粹风险较大时，股东与债权人之间关于保险选择的代理问题存在。另外，股东与债权人之间关于保险选择的代理问题，并不总是降低企业的最优杠杆率。

第七章　债券条款相关问题研究

在本书的第四章中，我们曾经描述了企业的决策过程。根据之前的描述，我们知道，对于股东选择的任意风险管理水平，债权人都将根据最大化企业价值的需要来选择相应的债务水平。从中可以看出，债权人的目标是追求企业价值最大化。然而，通过本书的分析可知，很多因素都会导致企业价值下降，损害债权人的利益，比如代理问题等。根据经济学和金融学的知识，债权人要保护自身利益，追求更大的企业价值，除了调整债务水平之外，另一种重要手段就是在债券中加入保护性条款。基于此，在本章中，我们将利用本书的前期研究结果，对现实中有关债券条款的一些行为进行解释。

第一节　债券中保险条款的相关问题研究

一、问题的引入

保险条款是企业债券中一种重要的风险管理条款。许多研究都曾指出，保险条款在债券契约中有广泛的应用（Smith、Warner，1979；Mayers、Smith，1982；Garven、Macminn，1993；Hau，2007）。特别地，Chen 等（2024）对道琼斯指数中的 30 家公司在 2021—2023 年发行的债券契约进行分析后发现，并非所有债券都包含保险条款，我们将这种现象称为保险条款歧视。此外，他们还发现，在包含保险条款的债券中，其保险条款通常只针对一些显著的风险，我们将这种现象称为风险依赖。在此基础上，Chen 等（2024）基于对股东与债权人之间代理问题的分析解释了风险依赖现象。然而，正如前文所说，他们的研究假设企业只有投保和不投保两种保险决策，其分析和解释的适用性需要进一步验证。因此，本书将放松Chen 等（2024）对保险决策的限制，假设企业的最优保险水平可以在 [0, 1] 区间内任意选择，以进一步验证他们的分析，为保险条款歧视与风险依赖现象提供解释。

与 Chen 等（2024）的研究类似，在本小节中，我们从代理问题的角度来解释保险条款歧视与风险依赖两种现象。在这里，我们仍然采用第二章建立的纯粹风险管理模型，企业的资产价值、债券发行及企业破产等模型设定与之前一致。同时，为了解释保险条款歧视和风险依赖这两种现象，我们分别定义债券中包含和不包含保险条款时对应的企业风险管理决策。

债券中包含保险条款，换句话说，在发行债券的同时，根据企业价值最大化原则，股东与债权人约定企业的保险安排。此时，企业的风险管理决策与前文定义的事前决策一致，即

$$\max_{(\beta,\ P)\ \in A_{ante}} : v(V;\ \pi(V;\ \beta)\ P,\ \beta)$$

其中，$A_{ante} = \{(\beta,\ P)\ |\beta \in [0,\ 1]\ ,\ P \in (0,\ V_0)\ \}$。

债券中不包含保险条款，换句话说，在债权人购买债券之后，股东根据自身利益最大化原则来确定企业的保险安排。此时，企业的风险管理决策与前文定义的事后决策一致，即

$$\max_{(\beta,\ P)\ \in A_{post}} : v(V;\ \pi(V;\ \beta)\ P,\ \beta(P)\ ),$$

其中，$A_{post} = \{(\beta(P)\ ,P)\ |P \in (0,\ V_0)\ \}$ 且 $\beta(P) = \arg\max_{\beta} : S(V;\pi(V;\beta)\ P,\beta)$。

为了方便，在这一小节中，我们仍然用事前决策和事后决策来分别称呼债券中包含和不包含保险条款时对应的企业风险管理决策。根据前文的分析可知，股东在事后决策时根据股东价值最大化的需要而不是企业价值最大化的需要做出保险决策，这一行为（或者说股东与债权人之间关于保险选择的代理问题）可能会损害债权人的利益，并导致企业价值相对于事前决策时下降，即产生代理成本。

基于上述分析，我们知道，给定企业的资产风险，如果股东与债权人之间关于保险选择的代理问题存在，导致事后决策时的最优企业价值相对于事前决策时下降，即产生代理成本，那么，在发行债券时，债权人为保护自己的利益，可能会要求股东根据企业价值最大化的需要做出保险决策，即要求股东在债券中加入保险条款。如果事后决策时的最优企业价值等于事前决策时的最优企业价值，即代理成本为 0。此时，债权人知道，即使股东在债券发行后根据股东利益最大化的需要做出保险决策，也不会损害债权人的利益，那么，债权人不会要求股东加入保险条款。因此，通过审视不同风险条件下，事前决策与事后决策时对应的最优企业价值是否存在差异，即代理成本是否存在，我们可以为保险条款歧视和风险依赖现象提供解释。

二、保险条款歧视

在这一部分，我们将从代理理论的角度来解释保险条款歧视现象。根据之前的分析可知，为了解释保险条款歧视现象，我们需要审视不同风险条件下的代理成本 AC 是否存在。需要说明的是，为了方便，这里的分析暂时不考虑风险管理成本。我们采用基准模型（其中的参数见表 4.1）计算了不同次均损失 κ 情况下的代理成本 AC，结果如图 7.1 所示。

从图 7.1 中我们可以看出，当次均损失 $\kappa \in (\kappa_1, \kappa_2)$ 时[①]，代理成本 AC 大于 0。当 $\kappa \in (0, \kappa_1) \cup (\kappa_2, 1)$ 时，代理成本 AC 等于 0。对于其他的总损失率 $\lambda\kappa$，我们也可以得到类似的结论。在这里，我们只给出 $\lambda\kappa =$ 0.005、0.02、0.03 和 0.04 时对应的数值例子，结果如图 7.2 ~ 图 7.5 所示。

---

① 在这里，$\kappa_1 \approx 61.118\,2\%$，$\kappa_2 \approx 86.434\,9\%$。

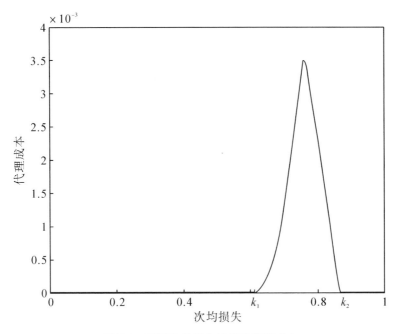

图 7.1　不同次均损失对应的代理成本

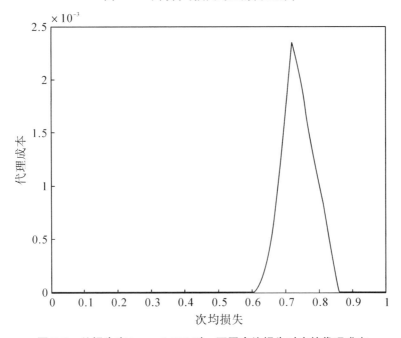

图 7.2　总损失率 $\lambda\kappa = 0.005$ 时，不同次均损失对应的代理成本

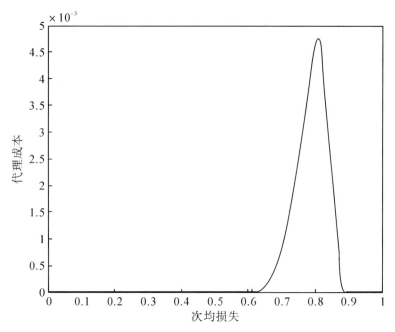

图 7.3　总损失率 $\lambda\kappa = 0.02$ 时，不同次均损失对应的代理成本

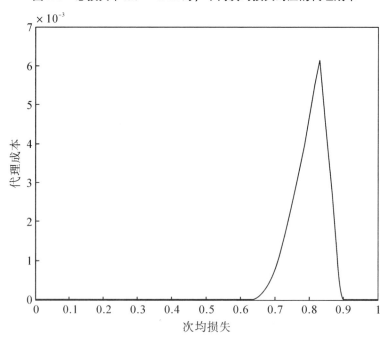

图 7.4　总损失率 $\lambda\kappa = 0.03$ 时，不同次均损失对应的代理成本

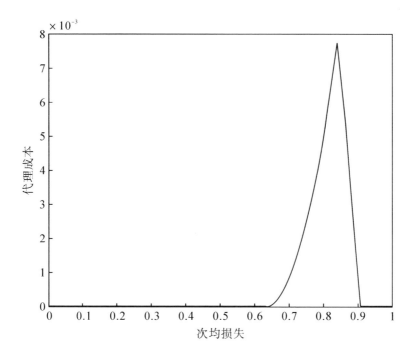

图 7.5 总损失率 $\lambda\kappa = 0.04$ 时，不同次均损失对应的代理成本

根据上面各图的数值结果可知，在发行债券的时候，如果企业的资产面临某些风险状态，比如，当总损失率 $\lambda\kappa = 0.01$ 且次均损失 $\kappa \in (\kappa_1, \kappa_2)$ 时，股东与债权人之间关于保险选择的代理问题会产生代理成本，此时，债权人为了保护自身利益，可能会要求股东按照企业价值最大化原则做出保险决策，即要求股东在债券中加入保险条款。当企业资产面临其他的风险状态时，比如，当总损失率 $\lambda\kappa = 0.01$ 且次均损失 $\kappa \in (0, \kappa_1) \cup (\kappa_2, 1)$ 时，代理成本为 0，此时，债权人不会要求股东在债券中加入保险条款。这就解释了保险条款歧视现象。

综合上面的分析，我们可以得到以下结论：

结论 7.1：在发行债券时，如果企业资产面临某些风险状态，股东与债权人之间关于保险选择的代理问题会产生代理成本；当企业资产面临其他风险状态时，代理成本为 0。这一结果可以为保险条款歧视现象提供解释。

三、风险依赖

在这一小节中，我们将进一步分析股东与债权人之间关于保险的代理问题，并为风险依赖现象提供解释。显著风险，通常是指造成的损失较大、具有显著影响的风险。换句话说，显著风险意味着能给企业带来大损失，且具有一定发生概率的风险。事实上，现实中同样也存在着一些损失很大而概率小（比如，彗星撞击地球）或者是损失小而概率大（比如，低值易损品）的风险。显然，这些风险都不能被认为是显著的风险。

现在，我们再次来考察，当总损失率 $\lambda\kappa = 0.01$ 时，不同次均损失 κ 对应的代理成本 AC，见图 7.1。根据图 7.1 中代理成本 AC 随次均损失 κ 变化的特征，我们可以将企业资产面临的风险大致分为三类：

当次均损失 $\kappa_2 < \kappa < 1$ 且概率 $\lambda < \lambda_2$ 时[①]，代理成本 AC 为 0。这类风险的次均损失特别大，但发生的概率比较小。

当次均损失 $0 < \kappa < \kappa_1$ 且概率 $\lambda > \lambda_1$ 时，代理成本 AC 也为 0。这类风险的次均损失较小，但发生的概率很大。

当次均损失 $\kappa_1 < \kappa < \kappa_2$ 且概率 $\lambda_1 < \lambda < \lambda_2$ 时，代理成本 AC 大于 0。这类风险的次均损失和发生概率都相对较大。

通过上面的分析结果可知，前两类风险，要么发生的概率较小，要么造成的损失较小。相比之下，第三类风险既会给企业带来较大的损失，同时也具有较大的发生概率。那么，相对于前两类风险，第三类风险可以被认为是显著的风险。对于其他的风险类型，我们也可以得到类似的结果，见图 7.2~图 7.5。

根据上面的分析结果，我们可以解释风险依赖现象：在发行债券时，如果企业资产面临显著的风险，股东与债权人之间关于保险选择的代理问题会产生代理成本，债权人可能会要求加入针对显著风险的保险条款；如果企业资产面临其他风险，代理成本为 0，债权人不会要求加入保险条款。

---

① 在这里，$\kappa_1 = 61.1182\%$，$\kappa_2 = 86.4349\%$，$\lambda_1 = 0.01/\kappa_1 \approx 0.0164$，$\lambda_2 = 0.01/\kappa_2 \approx 0.0116$。

此外，通过对图 7.2~图 7.5 的数值结果进行比较，我们发现，股东与债权人之间关于保险选择的代理成本产生的条件比较复杂，很难找出一个使得代理成本产生的关于 κ（或者 λ）的临界值。事实上，代理成本是否产生，需要综合考虑于 κ 和 λ 的大小。这也说明，债券中的保险条款仅针对显著风险是恰当的。

综合上述分析，我们可以得到下面的结论：

结论 7.2：在发行债券的时候，当企业资产面临显著的风险，即次均损失 κ 和发生概率 λ 都较大的风险时，股东与债权人之间关于保险选择的代理问题会产生代理成本，此时，债权人可能会要求股东在债券中加入针对显著风险的保险条款。当企业资产面临其他的风险时，代理成本为 0，债权人不会要求股东加入保险条款。这就解释了保险条款歧视与风险依赖现象。

需要指出的是，在上面的分析中，我们并没有考虑风险管理成本。根据前文可知，作为一种重要的经济摩擦，风险管理成本会显著地影响企业的风险管理决策和企业价值，从而可能对股东与债权人约定的保险条款产生影响。但是，考虑到本章的主要目的是对保险条款歧视和风险依赖现象提供解释，现有分析已经可以恰当地解释这些现象，而风险管理成本的加入只会导致分析更加复杂，因此，我们将考虑风险管理成本时股东与债权人之间关于保险决策的代理问题分析作为未来的一个研究方向。

第二节　债券中净值条款的相关问题研究

一、问题的引入

债券中的净值条款（net worth covenant）规定，债券发行人必须将企业的资产净值保持在一个约定的最低水平（通常为企业的债务水平）之上，否则，债权人可以要求企业破产清算，以保护自身利益。事实上，作为一种重要的债权人保护条款，净值条款能够提醒债权人注意企业的清算价值，并在企业破产时为债权人提供一个最低的安全保护水平（Frankel、Seethamraju、Zach，2008）。对于债券中的净值条款，许多研究曾提到一种有意思的现象，即净值条款在期限相对较短的债券中更加常见（Leland，1994；Toft、Prucyk，1997；Billett 等，2007；Christensen、Nikolaev，2012），我们将这种现象称为期限依赖。但是，根据第一章的分析，我们知道，很少有理论研究能够为这种现象提供解释。基于此，在本小节中，我们将对期限依赖现象进行分析。

在本小节中，为了更好地审视净值条款的影响，我们的分析采用第二章第一节建立的纯粹风险模型，企业的资产价值和债券发行等模型设定与之前一致。考虑到债券中的净值条款会影响企业破产，我们将分别考察债券中包含和不包含净值条款时对应的企业破产条件。

当债券中不包含净值条款时，我们将这种债券称为无净值条款债券。此时，与之前的分析类似，企业破产仍然由股东决定，也就是说，当股东不再愿意发行额外的股票为偿还债务进行融资时，企业就宣告破产。对于给定的债务水平 P，股东通过最大化股东价值来选择相应的破产水平 V_B。根据引理 3.2，破产水平为

$$V_B = \frac{\frac{\rho + m}{r + m}(c_{1, m}s_{1, m} + c_{2, m}s_{2, m}) - \frac{i\rho}{r}(c_{1, 0}s_{1, 0} + c_{2, 0}s_{2, 0})}{\alpha(d_{1, 0}s_{1, 0} + d_{2, 0}s_{2, 0}) + (1 - \alpha)(d_{1, m}s_{1, m} + d_{2, m}s_{2, m}) + 1}P$$

当债券中包含净值条款时，我们称这种债券为有净值条款债券。净值条款规定，当资产价值等于债务水平时，企业宣告破产。换句话说，破产水平 $V_B = P$。

将上述两种债券对应的破产水平分别代入企业价值的表达式中，即可得到企业在发行这两种债券时各自对应的企业价值 $v(V; V_B)$。进一步，企业的风险管理决策过程可以被描述为：在初始时刻，债权人选择债务水平 P，以最大化企业价值 $v(V; V_B)$。

据此，我们认为，在发行债券时，对于给定期限的无净值条款债券和有净值条款债券，债权人会比较二者对应的最优企业价值。如果发行有净值条款债券对应的最优企业价值更大，那么，在发行债券时，债权人会要

求股东在债券中加入净值条款；相反，如果发行无净值条款债券带来的最优企业价值更大，那么，债权人就不会要求股东在债券中加入净值条款。

二、期限依赖

在本小节中，我们将对期限依赖现象进行分析。根据之前的分析可知，为了解释期限依赖现象，我们需要比较在不同债务期限条件下，无净值条款债券与有净值条款债券对应的最优企业价值。因此，我们采用纯粹风险模型（其中的参数见表 4.1），计算了当债券期限 $T \in (0, 5]$ 时（根据前文可知，债券期限为 $1/m$，为了方便，我们记 $T = 1/m$，相应地，$m \in [0.2, +\infty)$），无净值条款债券与有净值条款债券各自对应的最优企业价值结果如图 7.6 所示。

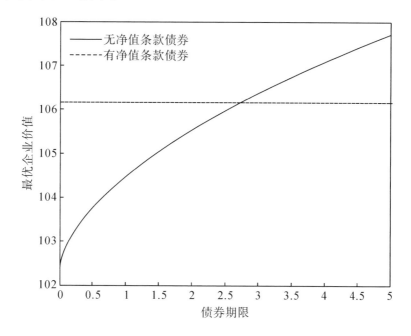

图 7.6　无净值条款债券与有净值条款债券对应的最优企业价值

从图 7.6 中我们看到，当债券期限相对较短时，企业发行无净值条款债券对应的最优企业价值小于发行有净值条款债券带来的最优企业价值；而当债券期限增加到一定长度之后，与有净值条款债券相比，无净值条款债券对应的最优企业价值更大。根据这些结果，我们可以得出如下结论：

结论7.3：当债券期限相对较短时，与无净值条款债券相比，企业发行有净值条款债券带来的最优企业价值更大，在发行债券时，债权人会要求股东在债券中加入净值条款。相反，当债券期限相对较长时，无净值条款债券对应的最优企业价值大于有净值条款债券对应的最优企业价值，在发行债券时，债权人不会要求股东在债券中加入净值条款。这就解释了期限依赖现象。

三、净值条款对资本结构的影响

根据前文的分析，我们知道，债券中是否包含净值条款，会影响企业价值 $v(V; V_B)$ 的大小。此外，结合纯粹风险模型，我们知道，企业价值的变化，会影响企业的债务水平 P，从而改变企业的资本结构。换句话说，债券中是否包含净值条款，企业的资本结构会有所不同。基于此，在这一部分，我们将审视净值条款对企业资本结构的影响。

现在，我们来考察净值条款对企业资本结构的影响。我们采用纯粹风险模型（其中的参数见表4.1）计算了当债券期限 $T \in (0, 5]$ 时，企业发行无净值条款债券与有净值条款债券分别对应的最优杠杆率，结果如图7.7所示。

从图7.7中我们可以看出，当债券期限相对较短时，企业发行无净值条款债券对应的最优杠杆率低于有净值条款债券对应的最优杠杆率；而当债券期限增加到一定长度之后，与有净值条款债券相比，无净值条款债券对应的最优杠杆率更高。

事实上，这一结果很容易理解。根据之前的分析，当债券期限相对较短时，企业发行有净值条款债券更加符合债权人的利益，因此，与无净值条款债券相比，企业发行有净值条款债券可以促进债权人的债务投资。相比之下，当债券期限相对较长时，企业发行无净值条款债券更符合债权人的利益，因此，与有净值条款债券相比，企业发行无净值条款债券反而会促进债权人的债务投资。

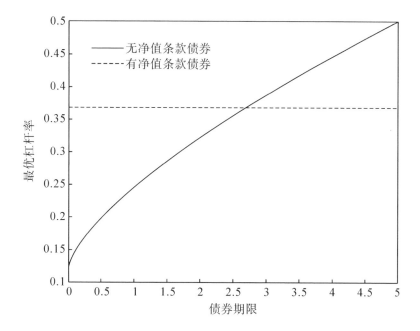

图 7.7　无净值条款债券与有净值条款债券对应的最优杠杆率

四、净值条款对纯粹风险管理的影响

在前面的分析中，我们利用纯粹风险模型解释了债券中净值条款的期限依赖现象，并分析了债券中是否包含净值条款对企业资本结构的影响。根据之前的分析，我们知道，净值条款通常要求债券发行人将企业的资产净值保持在一个企业的债务水平之上，否则，债权人可以要求企业破产清算。事实上，净值条款能够提醒债权人注意企业的清算价值，为债权人提供一定程度的保护。另外，纯粹风险管理能够降低企业的破产风险，防止债权人因企业破产而遭受损失。可见，净值条款和企业的纯粹风险管理都能够为债权人提供保护。那么，我们不禁要问，同样作为保护债权人的手段，净值条款对企业的纯粹风险管理会产生什么影响呢？

为了审视债券中是否包含净值条款对企业纯粹风险管理的影响，我们采用纯粹风险管理模型（其中的主要参数见表 4.1）计算了当次均损失 $\kappa \in [0, 1]$ 且风险管理成本 $c = 0.2$ 时，有净值条款债券和无净值条款债券各自对应的最优风险管理水平，结果如图 7.8 所示。

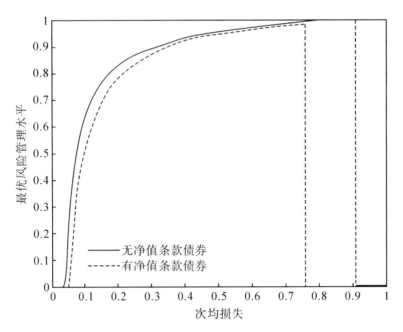

图 7.8 不同次均损失和不同债券对应的最优风险管理水平

从图 7.8 的数值结果我们可以看出，首先，企业发行有净值条款的债券，扩大了企业购买保险的风险范围，也就是说，相较于无净值条款债券，当企业发行有净值条款债券时，对于一些非常小或者特别大的纯粹风险，企业也可能会购买保险。其次，相较于无净值条款债券，企业发行有净值条款债券提高了企业的纯粹风险管理水平。事实上，在第五章的比较静态分析中，我们曾经提到，随着债权人保护程度的提高，企业的最优风险管理水平上升。我们发现，本小节得出的结果与之前的分析是一致的。

第八章 研究总结、主要结论 与未来研究展望

在前文中，本书系统地研究了企业纯粹风险管理决策相关问题。在本书的最后，我们将对前文的主要研究内容和结论进行总结，并讨论本书的研究存在的局限性，提出未来的研究设想。

第一节 研究总结

本书在公司金融理论框架下，系统地研究了企业纯粹风险管理决策的相关问题。本书的研究主要包括以下几个方面：

第一，本书在经典的公司金融理论基础上，构建了纯粹风险模型和纯粹风险管理模型。具体而言，本书扩展了经典的结构模型，采用了单侧的跳扩散过程来描述企业的资产价值，同时，我们假设企业通过购买保险来管理纯粹风险，当纯粹风险发生时，保险人向企业支付赔偿金，这降低了企业资产价值的损失（或跳扩散的大小），基于此，我们将纯粹风险管理内生到了模型中。此外，类似于经典的结构模型，我们也采用了内生破产条件，并将企业价值视为以企业资产价值为标的的未定权益，求解了企业价值的表达式。最后，我们给出了企业的风险管理决策过程，即在初始时刻，股东和债权人根据最大化企业价值的需要来选择最优的债务水平和风险管理水平。

第二，利用纯粹风险模型和纯粹风险管理模型，本书系统地分析了在不同类型的纯粹风险情况下，风险管理与企业价值之间的复杂关系，以及企业的最优风险管理策略。此外，我们考虑了风险管理成本对企业价值和企业风险管理决策的影响。在此基础上，结合理论研究结果，本书以环境污染责任保险为例，进一步探讨了企业对责任保险的需求问题，并分析了政府保费补贴、"保险+信贷"对企业投保环境污染责任保险的激励作用。基于上述分析，本书为现实中企业复杂的保险决策行为提供了理论解释。

第三，本书进一步探讨了股东与债权人之间关于纯粹风险管理决策的代理问题。我们扩展了之前建立的纯粹风险管理模型，根据保险是否在企业发行债券时提前约定，我们考虑了事前决策和事后决策两种决策模式。在此基础上，我们分析了股东与债权人之间关于纯粹风险管理选择的代理问题的存在性，以及代理问题对企业的最优风险管埋决策和最优资本结构的影响。

第四，结合前期建立的研究框架，本书为一些债券条款相关现象提供了理论解释。Chen 等（2024）发现了债券中的保险条款存在保险条款歧视和风险依赖现象。尽管他们的研究试图解释风险依赖现象，但是，他们的研究假设企业只有投保和不投保两种决策，其分析和解释的适用性受到限制。为此，本书放松了关于保险决策的假设，进一步验证了他们的分析，为保险条款歧视和风险依赖现象提供了理论解释。另外，对于债券中的净值条款，我们注意到，相较于长期债券，净值条款在期限相对较短的债券中更加常见，我们称这种现象为期限依赖。利用本书建立的纯粹风险模型，我们为期限依赖现象提供了理论解释。

第二节　主要结论

本书的研究结论主要包括以下几个方面：

第一，纯粹风险管理可以提升企业价值，这表明了纯粹风险管理对于企业的重要性。同时，这一理论分析结果也与许多有关纯粹风险管理对企业价值影响的实证文献得出的结论一致。另外，研究结果显示，风险管理与企业价值之间存在复杂的关系，在不考虑风险管理成本的情况下，当企业面临的纯粹风险较小时，企业价值随风险管理水平的上升而上升；然而，当企业面临的纯粹风险较大时，最优企业价值的变化相对于风险管理水平呈现 U 形曲线。本书从权衡理论的角度，解释了企业价值的复杂变化。特别地，U 形的企业价值曲线也表明，过度的风险管理反而会降低企业价值。在现实中，企业缺乏风险管理的专业知识，通常会向专业的机构就风险管理进行咨询，我们的分析结果可以看作是对这种行为的支持。最后，利用所得理论分析结果，本书分析了不同环境污染风险类型的企业对环境污染责任保险的需求，解释了针对环境污染高风险领域开展强制保险的原因。

第二，本书考虑了附加保费对企业价值和最优保险决策的影响。我们发现，当考虑附加保费时，企业的最优风险管理策略一定不是完全投保，这一结果可以解释现实中企业的不完全投保行为。特别地，当企业面临的纯粹风险很小时，企业不会购买保险。这一结果解释了当环境违法成本很低时，企业不愿意投保环境污染责任保险的原因。另外，当风险管理的成本为负（存在保费补贴）时，我们审视了企业在面临特别大的纯粹风险时的最优保险策略，其结果解释了政府对环境污染责任保险提供保费补贴的行为。最后，结合资本结构决策与保险决策间的相互影响，本书探讨了"保险+信贷"对于企业投保环境污染责任保险的促进作用。

第三，本书研究了股东与债权人之间关于保险决策的代理问题。分析结果表明，股东与债权人之间关于保险决策的代理问题是否存在，与企业面临的风险类型有关。具体而言，当企业面临的纯粹风险较小或者特别大时，股东与债权人关于保险选择的代理问题不存在；当企业面临的纯粹风险较大时，股东与债权人关于保险选择的代理问题存在。特别地，我们发现，股东与债权人之间关于保险决策的代理问题，并不总是会降低企业的最优杠杆率。

第四，我们对一些有关债券中保险条款和净值条款的行为提供了理论解释。对于债券中的保险条款，我们发现，在发行债券的时候，当企业资产面临显著的风险，即次均损失和发生概率都较大的风险时，股东与债权人之间关于保险决策的代理问题会产生代理成本，此时，债权人可能会要求股东在债券中加入针对显著风险的保险条款。当企业资产面临其他的风险时，代理成本为零，债权人不会要求股东加入保险条款。这就解释了保险条款歧视与风险依赖现象。另外，对于债券中的净值条款，我们发现，当债券期限相对较短时，与无净值条款债券相比，企业发行有净值条款债券带来的最优企业价值更大，因此，在发行债券时，债权人会要求股东在债券中加入净值条款。当债券期限相对较长时，无净值条款债券对应的最优企业价值更大，因此，在发行债券时，债权人不会要求股东在债券中加入净值条款。这就解释了期限依赖现象。

第三节　未来研究展望

在前文中，我们对本书的主要研究内容和主要结论进行了总结。不过，我们认为，一方面，本书还存在着一些局限，需要在今后的研究中进一步加以完善；另一方面，本书在经典的公司金融理论之上，发展出了一个关于纯粹风险管理的分析框架，其中的思想、方法以及模型还可以被应用到其他的研究主题或者学术领域中。基于此，接下来，我们将对今后的研究方向进行探讨。

第一，本书采用了单侧的跳扩散过程来描述企业面临的纯粹风险，在此基础上，我们假设，企业通过纯粹风险管理来降低潜在的损失（跳扩散的大小）。在这里，需要指出的是，根据纯粹风险的特征以及我们对纯粹风险的描述可知，纯粹风险可以被认为是一种跳扩散风险。然而，在现实中，除了纯粹风险之外，企业还面临着许多其他类型的跳扩散风险，比如，股票价格的剧烈波动和汇率的大幅变化等。在未来的研究中，我们可以对现有的理论框架进行扩展，进而分析针对其他跳扩散风险的风险管理的相关问题。

第二，关于企业的风险管理决策，本书采用的是静态的模型设定，也就是说，在初始时刻，股东和债权人根据最大化企业价值的需要来选择最优的风险管理水平和最优的债务水平。我们曾经提到，在现实中，保险决策通常在企业开始融资时就已经做出，同时，企业的保险决策一旦做出，在未来很长的一段时间内会保持相对稳定。考虑到这些特征，本书采用静态模型来刻画企业的风险管理决策是合理的。但是，未来的研究如果需要分析针对其他风险的风险管理（比如金融风险），考虑到企业可能需要频繁调整风险管理水平（比如金融衍生品的对冲水平），那么，后续的研究可以考虑采用动态的模型设定。

第三，在现实中，存在许多不同类型的保险，比如，免赔额和比例保险。未来的研究可以尝试对本书的研究发展出来的模型框架进行简化，在此基础上，分析不同类型的保险对企业价值和企业风险管理决策的影响，并通过比较不同类型的保险对应的最优企业价值来讨论最优的保险类型。

参考文献

［1］陈超，李镕伊. 债券融资成本与债券契约条款设计［J］. 金融研究，2014（1）：44-57.

［2］程玉. 论生态环境损害的可保性问题：兼评《环境污染强制责任保险管理办法（征求意见稿）》［J］. 保险研究，2018（5）：99-112.

［3］段白鸽，王永钦，夏梦嘉. 金融创新如何促进社会和谐？：来自中国医疗纠纷的证据［J］. 金融研究，2023（7）：77-96.

［4］顾向一，陈诗一. 环境污染责任保险制度演进及路径选择［J］. 复旦学报（社会科学版），2020（3）：151-159.

［5］郭飞. 外汇风险对冲和公司价值：基于中国跨国公司的实证研究［J］. 经济研究，2012（9）：18-31.

［6］胡珺，穆颜如. 环境污染责任保险与企业金融化：基于中国重污染企业的分析［J］. 保险研究，2022（2）：48-63.

［7］黄鹤菲，米运生. 环境污染强制责任保险实施策略及其影响因素［J］. 经济地理，2024（3）：138-146.

［8］李冰清，王涵，房璐，等. 公司市值、公司治理与风险管理研究：基于面板联立方程模型的经验［J］. 保险研究，2018（1）：79-89.

［9］李敏鑫，王江寒. 环境污染责任保险与企业环境信息披露［J］. 保险研究，2021（12）：55-73.

［10］李敏鑫，朱朝晖，罗文波. 环境污染责任保险对企业债务融资成本的影响研究［J］. 保险研究，2021（1）：40-57.

［11］李文玉，郭权，徐明. 环境污染责任保险的美国经验及中国实践

[J]. 中国环境管理, 2020 (2): 50-55.

[12] 李晓翾, 陶茜. 再保险对车险业务价值的贡献研究 [J]. 保险研究, 2016 (10): 42-47.

[13] 李雪松, 孙博文. 生态补偿视角下环境污染责任保险制度设计与路径选择 [J]. 保险研究, 2014 (5): 13-20.

[14] 李政宵, 孟生旺. 相依风险条件下的汽车保险定价模型 [J]. 保险研究, 2016 (7): 68-77.

[15] 宁金辉, 苑泽明. 环境污染责任保险对企业投资效率的影响: 基于绿色信贷的研究 [J]. 大连理工大学学报 (社会科学版), 2020 (4): 48-57.

[16] 史永东, 田渊博. 契约条款影响债券价格吗?: 基于中国公司债市场的经验研究 [J]. 金融研究, 2016 (8): 143-158.

[17] 斯凯博. 国际风险与保险: 环境—管理分析 [M]. 北京: 机械工业出版社, 1999.

[18] 王康, 孙健. 环境责任保险投保意愿实证研究 [J]. 保险研究, 2016 (5): 71-81.

[19] 王小江, 冯文丽. 环境污染责任保险的法律规范与政府责任选择 [J]. 保险研究, 2013 (8): 19-23.

[20] 谢慧明, 李中海, 沈满洪. 异质性视角下环境污染责任保险投保意愿分析 [J]. 中国人口·资源与环境, 2014 (6): 84-90.

[21] 叶朝晖. 关于完善我国农业保险制度的思考 [J]. 金融研究, 2018 (12): 174-188.

[22] 张冀, 王稳, 谢远涛. 强制责任保险福利研究: 制度安排、市场化与舆论: 以交强险为例 [J]. 金融研究, 2014 (8): 192-206.

[23] 张伟, 粟榆, 罗向明, 等. 中国环境污染保险供需 "双冷" 的经济解释 [J]. 保险研究, 2014 (5): 3-12.

[24] 张伟, 袁建华, 罗向明, 等. 经济发展差距、环境规制力度与环境污染保险的制度设计 [J]. 金融经济学研究, 2015 (3): 119-128.

[25] 赵旭. 金融衍生品使用与企业价值、风险: 来自中国有色金属类

上市公司的经验证据 [J]. 经济管理, 2011 (1): 121-130.

[26] 朱朝晖, 李敏鑫, 王江寒, 等. 环境污染责任保险与审计费用 [J]. 审计研究, 2021 (1): 59-70.

[27] 朱铭来, 吕岩, 奎潮. 我国企业财产保险需求影响因素分析: 基于地区面板数据的实证研究 [J]. 金融研究, 2010 (12): 67-79.

[28] 卓志. 改革开放40年巨灾保险发展与制度创新 [J]. 保险研究, 2018 (12): 78-83.

[29] 卓志, 段胜. 中国巨灾保险制度: 政府抑或市场主导?: 基于动态博弈的路径演化分析 [J]. 金融研究, 2016 (8): 85-94.

[30] ABRAHAM K S. Environmental liability and the limits of insurance [J]. Columbia Law Review, 1988, 88 (5): 942-988.

[31] ABRAHAM K S. Cleaning up the environmental liability insurance mess monsanto lecture [J]. Valparaiso University Law Review, 1993, 27 (3): 601-636.

[32] ACHARYA V V, AMIHUD Y, LITOV L. Creditor rights and corporate risk-taking [J]. Journal of Financial Economics, 2011, 102 (1): 150-166.

[33] ACHARYA V V, GALE D, YORULMAZER T. Rollover risk and market freezes [J]. The Journal of Finance, 2011, 66 (4): 1177-1209.

[34] ADAM T R, FERNANDO C S. Hedging, speculation, and shareholder value [J]. Journal of Financial Economics, 2006, 81 (2): 283-309.

[35] ADAMS M, LIN C, ZOU H. Chief executive officer incentives, monitoring, and corporate risk management: evidence from insurance use [J]. Journal of Risk and Insurance, 2011, 78 (3): 551-582.

[36] ALLAYANNIS G, WESTON J P. The use of foreign currency derivatives and firm market value [J]. The Review of Financial Studies, 2001, 14 (1): 243-276.

[37] AUNON-NERIN D, EHLING P. Why firms purchase property insurance [J]. Journal of Financial Economics, 2008, 90 (3): 298-312.

［38］ BAE K, GOYAL V K. Creditor rights, enforcement, and bank loans ［J］. The Journal of Finance, 2009, 64 (2): 823-860.

［39］ BARTRAM S M, BROWN G W, CONRAD J. The effects of derivatives on firm risk and value ［J］. Journal of Financial and Quantitative Analysis, 2011, 46 (4): 967-999.

［40］ BESSEMBINDER H. Forward contracts and firm value: investment incentive and contracting effects ［J］. The Journal of Financial and Quantitative Analysis, 1991, 26 (4): 519-532.

［41］ BHANOT K, MELLO A S. Should corporate debt include a rating trigger? ［J］. Journal of Financial Economics, 2006, 79 (1): 69-98.

［42］ BILLETT M T, KING T D, MAUER D C. Growth opportunities and the choice of leverage, debt maturity, and covenants ［J］. The Journal of Finance, 2007, 62 (2): 697-730.

［43］ BLACK F, COX J C. Valuing corporate securities: some effects of bond indenture provisions［J］. The Journal of Finance, 1976, 31 (2): 351-367.

［44］ BOLLERSLEV T, TODOROV V. Estimation of jump tails ［J］. Econometrica, 2011, 79 (6): 1727-1783.

［45］ BOLTON P, CHEN H, WANG N. Market timing, investment, and risk management ［J］. Journal of Financial Economics, 2013, 109 (1): 40-62.

［46］ BOLTON P, CHEN H, WANG N. A unified theory of Tobin's Q, corporate investment, financing, and risk management ［J］. The Journal of Finance, 2011, 66 (5): 1545-1578.

［47］ BOYER M, LAFFONT J. Environmental risks and bank liability ［J］. European Economic Review, 1997, 41 (8): 1427-1459.

［48］ BOYER M, PORRINI D. The efficient liability sharing factor for environmental disasters: lessons for optimal insurance regulation ［J］. The Geneva Papers on Risk and Insurance - issues and Practice, 2008, 33 (2): 337-362.

［49］ BREEDEN D T, VISWANATHAN S. Why do firms hedge? An asymmetric information model [J]. The Journal of Fixed Income, 2016, 25 (3): 7.

[50] BRIYS E, DE VARENNE F. Valuing risky fixed rate debt: an extension[J]. Journal of Financial and Quantitative Analysis, 1997, 32(2): 239-248.

[51] CAMPBELL T S, KRACAW W A. Corporate risk management and the incentive effects of debt[J]. The Journal of Finance, 1990, 45 (5): 1673-1686.

[52] CARLSON M, LAZRAK A. Leverage choice and credit spreads when managers risk shift [J]. The Journal of Finance, 2010, 65 (6): 2323-2362.

[53] CARTER D A, ROGERS D A, SIMKINS B J. Does hedging affect firm value? Evidence from the US airline industry [J]. Financial Management, 2006, 35 (1): 53-86.

[54] CERQUEIRO G, PENAS M F. How does personal bankruptcy law affect startups? [J]. The Review of Financial Studies, 2017, 30 (7): 2523-2554.

[55] CHAVA S, ROBERTS M R. How does financing impact investment? The role of debt covenants [J]. The Journal of Finance, 2008, 63 (5): 2085-2121.

[56] CHEN C Y, PONARUL R. On the tax incentive for corporate insurance purchase [J]. The Journal of Risk and Insurance, 1989, 56 (2): 306-311.

[57] CHEN L, LI B, ZHENG W. Pure risk, agency conflict, and hedging [J]. Journal of Banking & Finance, 2024 (168): 107294.

[58] CHEN N, KOU S G. Credit spreads, optimal capital structure, and implied volatility with endogenous default and jump risk [J]. Mathematical Finance, 2009, 19 (3): 343-378.

[59] CHEN S, DING X, LOU P, et al. New evidence of moral hazard: environmental liability insurance and firms' environmental performance [J]. Journal of Risk and Insurance, 2022, 89 (3): 581-613.

[60] CHESNEY M, GIBSON-ASNER R. Reducing asset substitution with warrant and convertible debt issue [J]. The Journal of Derivatives, 2001, 9 (1): 39-52.

[61] CHRISTENSEN H B, NIKOLAEV V V. Capital versus performance

covenants in debt contracts [J]. Journal of Accounting Research, 2012, 50 (1): 75-116.

[62] CORNAGGIA J. Does risk management matter? Evidence from the U. S. agricultural industry [J]. Journal of Financial Economics, 2013, 109 (2): 419-440.

[63] CUDDIHY T. Environmental liability risk management for the 21st century [J]. The Geneva Papers on Risk and Insurance-issues and Practice, 2000, 25 (1): 128-135.

[64] DANZON P M. Liability and liability insurance for medical malpractice [J]. Journal of Health Economics, 1985, 4 (4): 309-331.

[65] DAVYDENKO S A, FRANKS J R. Do bankruptcy codes matter? A study of defaults in France, Germany, and the U. K. [J]. The Journal of Finance, 2008, 63 (2): 565-608.

[66] DEMARZO P M, DUFFIE D. Corporate financial hedging with proprietary information [J]. Journal of Economic Theory, 1991, 53 (2): 261-286.

[67] DEMARZO P M, DUFFIE D. Corporate incentives for hedging and hedge accounting[J]. The Review of Financial Studies, 1995, 8 (3): 743-771.

[68] DIAMOND D W, HE Z. A theory of debt maturity: the long and short of debt overhang [J]. The Journal of Finance, 2014, 69 (2): 719-762.

[69] DIONNE G. Handbook of insurance [M]. Berlin: Springer, 2013.

[70] DIONNE G, GARAND M. Risk management determinants affecting firms' values in the gold mining industry: new empirical results [J]. Economics Letters, 2003, 79 (1): 43-52.

[71] ENGLAND I. The system builders: a critical appraisal of modern american tort theory [J]. Journal of Legal Studies, 1980, 9 (1): 27-69.

[72] FAURE M G. Economic criteria for compulsory insurance [J]. The Geneva Papers on Risk and Insurance - issues and Practice, 2006, 31 (1): 149-168.

[73] FLEMING J G. The role of negligence in modern tort law [J]. Virginia Law Review, 1967, 53 (4): 815-846.

[74] FRANKEL R, SEETHAMRAJU C, ZACH T. GAAP goodwill and debt contracting efficiency: evidence from net-worth covenants [J]. Review of Accounting Studies, 2008 (13): 87-118.

[75] FROOT K A. Risk management, capital budgeting, and capital structure policy for insurers and reinsurers [J]. Journal of Risk and Insurance, 2007, 74 (2): 273-299.

[76] FROOT K A, SCHARFSTEIN D S, STEIN J C. Risk management: coordinating corporate investment and financing policies [J]. The Journal of Finance, 1993, 48 (5): 1629-1658.

[77] FROOT K A, STEIN J C. Risk management, capital budgeting, and capital structure policy for financial institutions: an integrated approach [J]. Journal of Financial Economics, 1998, 47 (1): 55-82.

[78] FU M C, LI B, LI G, et al. Option pricing for a jump-diffusion model with general discrete jump - size distributions [J]. Management Science, 2017, 63 (11): 3961-3977.

[79] GÂRLEANU N, ZWIEBEL J. Design and renegotiation of debt covenants [J]. The Review of Financial Studies, 2009, 22 (2): 749-781.

[80] GARVEN J R, MACMINN R D. The underinvestment problem, bond covenants, and insurance [J]. The Journal of Risk and Insurance, 1993, 60 (4): 635-646.

[81] GÉCZY C, MINTON B A, SCHRAND C. Why firms use currency derivatives [J]. The Journal of Finance, 1997, 52 (4): 1323-1354.

[82] GRAHAM J R, ROGERS D A. Do firms hedge in response to tax incentives? [J]. The Journal of Finance, 2002, 57 (2): 815-839.

[83] GRAHAM J R, SMITH C W. Tax incentives to hedge [J]. The Journal of Finance, 1999, 54 (6): 2241-2262.

［84］GUAY W, KOTHARI S P. How much do firms hedge with derivatives? ［J］. Journal of Financial Economics, 2003, 70 (3): 423-461.

［85］HARRINGTON S, NIEHAUS G. Risk management and insurance ［M］. New York: McGraw-Hill/Irwin, 2003.

［86］HASELMANN R, PISTOR K, VIG V. How law affects lending ［J］. The Review of Financial Studies, 2010, 23 (2): 549-580.

［87］HAU A. Insurance, bond covenants, and under- or over-investment with risky asset reconstitution ［J］. Journal of Risk and Insurance, 2007, 74 (1): 3-22.

［88］HE Z, XIONG W. Rollover risk and credit risk ［J］. The Journal of Finance, 2012a, 67 (2): 391-430.

［89］HE Z, XIONG W. Dynamic debt runs ［J］. The Review of Financial Studies, 2012b, 25 (6): 1799-1843.

［90］HIRTH S, UHRIG-HOMBURG M. Investment timing, liquidity, and agency costs of debt［J］. Journal of Corporate Finance, 2010, 16 (2): 243-258.

［91］HOLMSTRÖM B, TIROLE J. Liquidity and risk management ［J］. Journal of Money, Credit and Banking, 2000, 32 (3): 295-319.

［92］HUBERMAN G, MAYERS D, SMITH C W. Optimal insurance policy indemnity schedules ［J］. The Bell Journal of Economics, 1983, 14 (2): 415-426.

［93］JENSEN M C, MECKLING W H. Theory of the firm: managerial behavior, agency costs and ownership structure ［J］. Journal of Financial Economics, 1976, 3 (4): 305-360.

［94］JIN Y, JORION P. Firm value and hedging: evidence from U. S. oil and gas producers ［J］. The Journal of Finance, 2006, 61 (2): 893-919.

［95］JOHNSON S A. Debt maturity and the effects of growth opportunities and liquidity risk on leverage ［J］. The Review of Financial Studies, 2003, 16 (1): 209-236.

［96］ KEETON W R, KWEREL E. Externalities in automobile insurance and the underinsured driver problem ［J］. Journal of Law and Economics, 1984, 27 (1): 149-179.

［97］ KOU S G. A jump-diffusion model for option pricing ［J］. Management Science, 2002, 48 (8): 1086-1101.

［98］ KOU S G, WANG H. First passage times of a jump diffusion process ［J］. Advances in Applied Probability, 2003, 35 (2): 504-531.

［99］ KUNREUTHER H. Problems and issues of environmental liability insurance ［J］. The Geneva Papers on Risk and Insurance - issues and Practice, 1987, 12 (3): 180-197.

［100］ LA PORTA R, LOPEZ-DE-SILANES F, SHLEIFER A, et al. Legal determinants of external finance ［J］. The Journal of Finance, 1997, 52 (3): 1131-1150.

［101］ LA PORTA R, LOPEZ-DE-SILANES F, SHLEIFER A, et al. Law and finance ［J］. Journal of Political Economy, 1998, 106 (6): 1113-1155.

［102］ LAFFONT J. Regulation, moral hazard and insurance of environmental risks ［J］. Journal of Public Economics, 1995, 58 (3): 319-336.

［103］ LELAND H E. Agency costs, risk management, and capital structure ［J］. The Journal of Finance, 1998, 53 (4): 1213-1243.

［104］ LELAND H E. Corporate debt value, bond covenants, and optimal capital structure ［J］. The Journal of Finance, 1994, 49 (4): 1213-1252.

［105］ LELAND H E, TOFT K B. Optimal capital structure, endogenous bankruptcy, and the term structure of credit spreads ［J］. The Journal of Finance, 1996, 51 (3): 987-1019.

［106］ LONGSTAFF F A, SCHWARTZ E S. A simple approach to valuing risky fixed and floating rate debt ［J］. The Journal of Finance, 1995, 50 (3): 789-819.

［107］ LYU C, XIE Z, LI Z. Market supervision, innovation offsets and energy efficiency: evidence from environmental pollution liability insurance in china [J]. Energy Policy, 2022 (171): 113267.

[108] MACKAY P. Real flexibility and financial structure: an empirical analysis [J]. The Review of Financial Studies, 2003, 16 (4): 1131-1165.

[109] MACKAY P, MOELLER S B. The value of corporate risk management [J]. The Journal of Finance, 2007, 62 (3): 1379-1419.

[110] MACMINN R D. Insurance and corporate risk management [J]. The Journal of Risk and Insurance, 1987, 54 (4): 658-677.

[111] MAIN B G M. Corporate insurance purchases and taxes [J]. The Journal of Risk and Insurance, 1983, 50 (2): 197-223.

[112] MAUER D C, SARKAR S. Real options, agency conflicts, and optimal capital structure [J]. Journal of Banking & Finance, 2005, 29 (6): 1405-1428.

[113] MAYERS D, SMITH C W. Corporate insurance and the underinvestment problem [J]. The Journal of Risk and Insurance, 1987, 54 (1): 45-54.

[114] MAYERS D, SMITH C W. On the corporate demand for insurance [J]. The Journal of Business, 1982, 55 (2): 281-296.

[115] MAYERS D, SMITH C W. On the corporate demand for insurance: evidence from the reinsurance market [J]. The Journal of Business, 1990, 63 (1): 19-40.

[116] MELLO A S, PARSONS J E. Hedging and liquidity [J]. The Review of Financial Studies, 2000, 13 (1): 127-153.

[117] MERTON R C. Option pricing when underlying stock returns are discontinuous [J]. Journal of Financial Economics, 1976, 3 (1): 125-144.

[118] MERTON R C. On the pricing of corporate debt: the risk structure of interest rates [J]. The Journal of Finance, 1974, 29 (2): 449-470.

[119] MODIGLIANI F, MILLER M H. The cost of capital, corporation finance and the theory of investment [J]. The American Economic Review,

1958, 48 （3）: 261-297.

[120] MORELLEC E. Asset liquidity, capital structure, and secured debt [J]. Journal of Financial Economics, 2001, 61 （2）: 173-206.

[121] MORELLEC E, SMITH C W. Agency conflicts and risk management [J]. Review of Finance, 2007, 11 （1）: 1-23.

[122] MYERS S C. Determinants of corporate borrowing [J]. Journal of Financial Economics, 1977, 5 （2）: 147-175.

[123] NANCE D R, SMITH JR. C W, SMITHSON C W. On the determinants of corporate hedging[J]. The Journal of Finance, 1993, 48 （1）: 267-284.

[124] PANAGEAS S. Bailouts, the incentive to manage risk, and financial crises [J]. Journal of Financial Economics, 2010, 95 （3）: 296-311.

[125] PÉREZ-GONZÁLEZ F, YUN H. Risk management and firm value: evidence from weather derivatives [J]. The Journal of Finance, 2013, 68 （5）: 2143-2176.

[126] PIERCE R J. Encouraging safety: the limits of tort law and government regulation [J]. Vanderbilt Law Review, 1980, 33 （6）: 1281-1332.

[127] PURNANANDAM A. Financial distress and corporate risk management: theory and evidence [J]. Journal of Financial Economics, 2008, 87 （3）: 706-739.

[128] RAMPINI A A, SUFI A, VISWANATHAN S. Dynamic risk management [J]. Journal of Financial Economics, 2014, 111 （2）: 271-296.

[129] RAMPINI A A, VISWANATHAN S. Collateral, risk management, and the distribution of debt capacity [J]. The Journal of Finance, 2010, 65 （6）: 2293-2322.

[130] RAMPINI A A, VISWANATHAN S. Collateral and capital structure [J]. Journal of Financial Economics, 2013, 109 （2）: 466-492.

[131] REJDA G, MCNAMARA M. Principles of risk management and insurance [M]. New Jersey: Pearson Education, Inc., 2013.

[132] RICHARDSON B J. Mandating environmental liability insurance [J]. Duke Environmental Law & Policy Forum, 2002, 12 (2): 293-330.

[133] ROCHET J, VILLENEUVE S. Liquidity management and corporate demand for hedging and insurance [J]. Journal of Financial Intermediation, 2011, 20 (3): 303-323.

[134] SCHWARTZ G T. Ethics and the economics of tort liability insurance [J]. Cornell Law Review, 1990, 75 (2): 312-364.

[135] SHAVELL S. The judgment proof problem [J]. International Review of Law and Economics, 1986, 6 (1): 45-58.

[136] SHAVELL S. Minimum asset requirements and compulsory liability insurance as solutions to the judgment-proof problem [J]. The Rand Journal of Economics, 2005, 36 (1): 63-77.

[137] SHAVELL S. On liability and insurance [J]. The Bell Journal of Economics, 1982, 13 (1): 120-132.

[138] SIBILKOV V. Asset liquidity and capital structure [J]. Journal of Financial and Quantitative Analysis, 2009, 44 (5): 1173-1196.

[139] SINN H. Kinked utility and the demand for human wealth and liability insurance [J]. European Economic Review, 1982, 17 (2): 149-162.

[140] SMITH C W, STULZ R M. The determinants of firms' hedging policies [J]. The Journal of Financial and Quantitative Analysis, 1985, 20 (4): 391-405.

[141] SMITH C W, WARNER J B. On financial contracting: an analysis of bond covenants [J]. Journal of Financial Economics, 1979, 7 (2): 117-161.

[142] STULZ R M. Rethinking risk management [J]. Journal of Applied Corporate Finance, 1996, 9 (3): 8-25.

[143] TOFT K B, PRUCYK B. Options on leveraged equity: theory and empirical tests [J]. The Journal of Finance, 1997, 52 (3): 1151-1180.

[144] TUFANO P. Who manages risk? An empirical examination of risk

management practices in the gold mining industry [J]. The Journal of Finance, 1996, 51 (4): 1097-1137.

[145] VANDEN J M. Asset substitution and structured financing [J]. Journal of Financial and Quantitative Analysis, 2009, 44 (4): 911-951.

[146] YIN H, KUNREUTHER H, WHITE M W. Risk-based pricing and risk-reducing effort: does the private insurance market reduce environmental accidents? [J]. Journal of Law and Economics, 2011, 54 (2): 325-363.

[147] ZHANG X, ZHOU S. Bond covenants and institutional blockholding [J]. Journal of Banking & Finance, 2018, 96: 136-152.

[148] ZOU H, ADAMS M B. Debt capacity, cost of debt, and corporate insurance [J]. The Journal of Financial and Quantitative Analysis, 2008, 43 (2): 433-466.

[149] ZWEIFEL P, TYRAN J. Environmental impairment liability as an instrument of environmental policy [J]. Ecological Economics, 1994, 11 (1): 43-56.

附录　证明

附录 A　引理 3.1 的证明

根据式（3.5）可知

$$\zeta = \frac{m+r}{m+\rho} \frac{(1-\alpha) V_\tau}{P}.$$

那么，一份单位面值、期限为 T 的债券，在初始时刻的价值为

$$
\begin{aligned}
d\left(V; V_B, T\right) =& E\left[e^{-rT}1_{\{\tau>T\}} + e^{-r\tau}\zeta\left\{\left(1-\frac{\rho}{r}\right)e^{-r(T-\tau)}+\frac{\rho}{r}\right\}1_{\{\tau\leqslant T\}} \right] \\
& + E\left[\int_0^{\tau\wedge T}\rho e^{-rs}\mathrm{d}s\right] \\
=& e^{-rT}P[\tau\geqslant T] + \frac{1-\alpha}{P}\frac{m+r}{m+\rho}\left(1-\frac{\rho}{r}\right)E\left[V_\tau e^{-rT}1_{\{\tau\leqslant T\}}\right] \\
& + \frac{1-\alpha}{P}\frac{m+r}{m+\rho}\frac{\rho}{r}E\left[V_\tau e^{-r\tau}1_{\{\tau\leqslant T\}}\right] + \frac{\rho}{r}\left(1-E\left[e^{-r(\tau\wedge T)}\right]\right) \\
=& \left(1-\frac{\rho}{r}\right)e^{-rT}P[\tau\geqslant T] + \frac{1-\alpha}{P}\frac{m+r}{m+\rho}\left(1-\frac{\rho}{r}\right)E\left[V_\tau e^{-rT}1_{\{\tau\leqslant T\}}\right] \\
& + \frac{1-\alpha}{P}\frac{m+r}{m+\rho}\frac{\rho}{r}E\left[V_\tau e^{-r\tau}1_{\{\tau\leqslant T\}}\right] + \frac{\rho}{r}\left(1-E\left[e^{-r\tau}1_{\{\tau\leqslant T\}}\right]\right)
\end{aligned}
$$

结合式（3.6）可知，要得出初始时刻的债券价值 $D(V; V_B)$，我们只需计算下面四个积分：

$$\int_0^{+\infty} e^{-(r+m)T}P[\tau\geqslant T]\,\mathrm{d}T = E\left[\int_0^\tau e^{-(r+m)T}\mathrm{d}T\right] = \frac{1}{r+m}\left[1-E(e^{-(r+m)\tau})\right]$$

127

$$\int_0^{+\infty} e^{-mT} E[\,V_\tau e^{-rT} 1_{\{\tau \leq T\}}\,]\,\mathrm{d}T = E\Big[\,V_\tau \int_\tau^{+\infty} e^{-(r+m)\,T}\mathrm{d}T\,\Big] = \frac{1}{r+m} E[\,V_\tau e^{-(r+m)\,\tau}\,]$$

$$\int_0^{+\infty} e^{-mT} E[\,V_\tau e^{-r\tau} 1_{\{\tau \leq T\}}\,]\,\mathrm{d}T = E\Big[\,V_\tau e^{-r\tau} \int_\tau^{+\infty} e^{-mT}\mathrm{d}T\,\Big] = \frac{1}{m} E[\,V_\tau e^{-(r+m)\,\tau}\,]$$

$$\int_0^{+\infty} e^{-mT} E[\,e^{-r\tau} 1_{\{\tau \leq T\}}\,]\,\mathrm{d}T = E\Big[\,e^{-r\tau} \int_\tau^{+\infty} e^{-mT}\mathrm{d}T\,\Big] = \frac{1}{m} E[\,e^{-(r+m)\,\tau}\,]$$

我们令 $X_t = \ln\left(\dfrac{V_t}{V_0}\right)$, 那么

$$X_t = -\left(r - \delta + \lambda\kappa - \frac{1}{2}\sigma^2\right)t - \sigma W_t - \sum_{i=1}^{N_t} \theta_i,$$

$$\tau = \inf\{t \geq 0 : V_t \leq V_B\} = \inf\left\{t \geq 0 : X_t \geq -\ln\left(\frac{V_B}{V_0}\right)\right\}$$

根据 Kou 和 Wang（2003）的研究，我们有

$$E[\,e^{-(r+\xi)\,\tau}\,] = \frac{\eta - s_{1,\xi}}{\eta} \frac{s_{2,\xi}}{s_{2,\xi} - s_{1,\xi}} \exp\left[s_{1,\xi}\ln\left(\frac{V_B}{V_0}\right)\right]$$

$$+ \frac{s_{2,\xi} - \eta}{\eta} \frac{s_{1,\xi}}{s_{2,\xi} - s_{1,\xi}} \exp\left[s_{2,\xi}\ln\left(\frac{V_B}{V_0}\right)\right]$$

$$= c_{1,\xi}\left(\frac{V_B}{V_0}\right)^{s_{1,\xi}} + c_{2,\xi}\left(\frac{V_B}{V_0}\right)^{s_{2,\xi}} \tag{3.15}$$

同时，

$$E[\,V_\tau e^{-(r+\xi)\,\tau}\,] = V_0 E[\,e^{-(r+\xi)\,\tau - X_\tau}\,]$$

$$= V_0 \exp\left[\ln\left(\frac{V_B}{V_0}\right)\right] \cdot \left\{\frac{\eta - s_{1,\xi}}{s_{2,\xi} - s_{1,\xi}} \frac{s_{2,\xi} + 1}{\eta + 1} \exp\left[s_{1,\xi}\ln\left(\frac{V_B}{V_0}\right)\right]\right.$$

$$+ \frac{s_{2,\xi} - \eta}{s_{2,\xi} - s_{1,\xi}} \frac{s_{1,\xi} + 1}{\eta + 1} \exp\left[s_{2,\xi}\ln\left(\frac{V_B}{V_0}\right)\right]\Big]\Big\}$$

$$= V_B\left[d_{1,\xi}\left(\frac{V_B}{V_0}\right)^{s_{1,\xi}} + d_{2,\xi}\left(\frac{V_B}{V_0}\right)^{s_{2,\xi}}\right] \tag{3.16}$$

其中，对于 $\xi = 0$ 或 m,

$$c_{1,\xi} = \frac{\eta - s_{1,\xi}}{s_{2,\xi} - s_{1,\xi}} \frac{s_{2,\xi}}{\eta}, \quad c_{2,\xi} = \frac{s_{2,\xi} - \eta}{s_{2,\xi} - s_{1,\xi}} \frac{s_{1,\xi}}{\eta},$$

$$d_{1,\xi} = \frac{\eta - s_{1,\xi}}{s_{2,\xi} - s_{1,\xi}} \frac{s_{2,\xi} + 1}{\eta + 1}, \quad d_{2,\xi} = \frac{s_{2,\xi} - \eta}{s_{2,\xi} - s_{1,\xi}} \frac{s_{1,\xi} + 1}{\eta + 1}$$

$s_{1,\xi}$ 和 $s_{2,\xi}$（$s_{1,\xi} < s_{2,\xi}$）是以下方程的两个正实数根：

$$-\left(r - \delta + \lambda\kappa - \frac{1}{2}\sigma^2\right)x + \frac{1}{2}\sigma^2 x^2 + \lambda\left(\frac{\eta}{\eta - x} - 1\right) = r + \xi$$

在式（3.15）和式（3.16）中，令 $\xi = m$，即可求出前面提到的四个积分项。于是，初始时刻的债券价值为

$$D(V; V_B) = mP\left(1 - \frac{\rho}{r}\right)\frac{1}{r+m}\left[1 - c_{1,m}\left(\frac{V_B}{V_0}\right)^{s_{1,m}} - c_{2,m}\left(\frac{V_B}{V_0}\right)^{s_{2,m}}\right]$$

$$+ mP\frac{1 - \alpha m + r}{P}\frac{1}{m+\rho}\left(1 - \frac{\rho}{r}\right)\frac{1}{r+m}V_B\left[d_{1,m}\left(\frac{V_B}{V_0}\right)^{s_{1,m}} + d_{2,m}\left(\frac{V_B}{V_0}\right)^{s_{2,m}}\right]$$

$$+ mP\frac{1 - \alpha m + r}{P}\frac{\rho}{m+\rho}\frac{1}{r}\frac{1}{m}V_B\left[d_{1,m}\left(\frac{V_B}{V_0}\right)^{s_{1,m}} + d_{2,m}\left(\frac{V_B}{V_0}\right)^{s_{2,m}}\right] + mP\frac{\rho}{rm}$$

$$+ mP\frac{\rho}{r}\left[-\frac{1}{m}c_{1,m}\left(\frac{V_B}{V_0}\right)^{s_{1,m}} - \frac{1}{m}c_{2,m}\left(\frac{V_B}{V_0}\right)^{s_{2,m}}\right]$$

$$= \frac{P(\rho+m)}{r+m}\left[1 - c_{1,m}\left(\frac{V_B}{V_0}\right)^{s_{1,m}} - c_{2,m}\left(\frac{V_B}{V_0}\right)^{s_{2,m}}\right]$$

$$+ (1-\alpha)V_B\left[d_{1,m}\left(\frac{V_B}{V_0}\right)^{s_{1,m}} + d_{2,m}\left(\frac{V_B}{V_0}\right)^{s_{2,m}}\right]$$

另外，根据式（3.3），初始时刻的企业价值可以表示为

$$v(V; V_B) = V_0 + \frac{i\rho P}{r}\left[1 - E(e^{-r\tau})\right] - \alpha E(V_\tau e^{-r\tau})$$

在式（3.15）和式（3.16）中，令 $\xi = 0$，即可求出 $E(e^{-r\tau})$ 和 $E(V_\tau e^{-r\tau})$。因此，初始时刻的企业价值为

$$v(V; V_B) = V_0 + \frac{i\rho P}{r}\left[1 - c_{1,0}\left(\frac{V_B}{V_0}\right)^{s_{1,0}} - c_{2,0}\left(\frac{V_B}{V_0}\right)^{s_{2,0}}\right]$$

$$- \alpha V_B\left[d_{1,0}\left(\frac{V_B}{V_0}\right)^{s_{1,0}} + d_{2,0}\left(\frac{V_B}{V_0}\right)^{s_{2,0}}\right]$$

附录 B　引理 3.2 的证明

根据 Chen 和 Kou（2009）的研究，最优债务水平 V_B 可由下式得出：

$$\frac{\partial\, S(V;\ V_B)}{\partial\, V}\bigg|_{V=V_B} = 0$$

那么，结合式（3.4）、式（3.7）和式（3.8），我们可以得出

$$
\begin{aligned}
S(V;\ V_B) &= v(V;\ V_B) - D(V;\ V_B)\\[4pt]
&= V + \frac{i\rho P}{r}\left[1 - c_{1,\,0}\left(\frac{V_B}{V}\right)^{s_{1,\,0}} - c_{2,\,0}\left(\frac{V_B}{V}\right)^{s_{2,\,0}}\right]\\[4pt]
&\quad - \alpha V_B\left[d_{1,\,0}\left(\frac{V_B}{V}\right)^{s_{1,\,0}} + d_{2,\,0}\left(\frac{V_B}{V}\right)^{s_{2,\,0}}\right]\\[4pt]
&\quad - \frac{P(\rho+m)}{r+m}\left[1 - c_{1,\,m}\left(\frac{V_B}{V}\right)^{s_{1,\,m}} - c_{2,\,m}\left(\frac{V_B}{V}\right)^{s_{2,\,m}}\right]\\[4pt]
&\quad - (1-\alpha)\,V_B\left[d_{1,\,m}\left(\frac{V_B}{V}\right)^{s_{1,\,m}} + d_{2,\,m}\left(\frac{V_B}{V}\right)^{s_{2,\,m}}\right]
\end{aligned}
$$

于是

$$
\begin{aligned}
\frac{\partial\, S(V;\ V_B)}{\partial\, V} &= 1 + \frac{i\rho P}{r}\left[c_{1,0}s_{1,0}\frac{1}{V}\left(\frac{V_B}{V}\right)^{s_{1,0}} + c_{2,0}s_{2,0}\frac{1}{V}\left(\frac{V_B}{V}\right)^{s_{2,0}}\right]\\[4pt]
&\quad + \alpha V_B\left[d_{1,0}s_{1,0}\frac{1}{V}\left(\frac{V_B}{V}\right)^{s_{1,0}} + d_{2,0}s_{2,0}\frac{1}{V}\left(\frac{V_B}{V}\right)^{s_{2,0}}\right]\\[4pt]
&\quad - \frac{P(\rho+m)}{r+m}\left[c_{1,m}s_{1,m}\frac{1}{V}\left(\frac{V_B}{V}\right)^{s_{1,m}} + c_{2,m}s_{2,m}\frac{1}{V}\left(\frac{V_B}{V}\right)^{s_{2,m}}\right]\\[4pt]
&\quad + (1-\alpha)\,V_B\left[d_{1,m}s_{1,m}\frac{1}{V}\left(\frac{V_B}{V}\right)^{s_{1,m}} + d_{2,m}s_{2,m}\frac{1}{V}\left(\frac{V_B}{V}\right)^{s_{2,m}}\right]
\end{aligned}
$$

因此

$$\frac{\partial\, S(V;\ V_B)}{\partial\, V}\bigg|_{V=V_B} = 1 + \frac{i\rho P}{r}\frac{1}{V_B}(c_{1,0}s_{1,0} + c_{2,0}s_{2,0}) + \alpha(d_{1,0}s_{1,0} + d_{2,0}s_{2,0})$$

$$-\frac{P(\rho+m)}{r+m}\frac{1}{V_B}(c_{1,m}s_{1,m}+c_{2,m}s_{2,m})$$

$$+(1-\alpha)(d_{1,m}s_{1,m}+d_{2,m}s_{2,m})$$

最优破产水平 V_B 可以表示为

$$V_B=\frac{\dfrac{\rho+m}{r+m}(c_{1,m}s_{1,m}+c_{2,m}s_{2,m})-\dfrac{i\rho}{r}(c_{1,0}s_{1,0}+c_{2,0}s_{2,0})}{\alpha(d_{1,0}s_{1,0}+d_{2,0}s_{2,0})+(1-\alpha)(d_{1,m}s_{1,m}+d_{2,m}s_{2,m})+1}P$$

附录 C　定理 3.1 的证明

与引理 3.1 的证明类似，为了得到初始时刻的债券价值和企业价值，我们需要计算 $E[e^{-(r+\xi)\tau}]$ 与 $E[V_\tau e^{-(r+\xi)\tau}]$。

当 $0 \leqslant \beta < 1$ 时，我们令

$$X_t = \ln\left(\frac{V_t}{V_0}\right)$$

于是，我们有

$$X_t = -\left(r - \delta - (1+c)\lambda\varphi + \lambda\kappa - \frac{1}{2}\sigma^2\right)t - \sigma W_t - \sum_{j=1}^{N_t}\ln\theta_j^{1-\beta}$$

$$\tau = \inf\{t \geqslant 0: V_t \leqslant V_B\} = \inf\left\{t \geqslant 0: X_t \geqslant -\ln\left(\frac{V_B}{V_0}\right)\right\}$$

类似于 Kou 和 Wang（2003）的研究，我们可以得出：

$$E[e^{-(r+\xi)\tau}] = \frac{\tilde{\eta} - s_{1,\xi}}{s_{2,\xi} - s_{1,\xi}}\frac{s_{2,\xi}}{\tilde{\eta}}\exp\left[s_{1,\xi}\ln\left(\frac{V_B}{V_0}\right)\right]$$

$$+ \frac{s_{2,\xi} - \tilde{\eta}}{s_{2,\xi} - s_{1,\xi}}\frac{s_{1,\xi}}{\tilde{\eta}}\exp\left[s_{2,\xi}\ln\left(\frac{V_B}{V_0}\right)\right]$$

$$= \tilde{c}_{1,\xi}\left(\frac{V_B}{V_0}\right)^{s_{1,\xi}} + \tilde{c}_{2,\xi}\left(\frac{V_B}{V_0}\right)^{s_{2,\xi}}$$

同时，

$$E[V_\tau e^{-(r+\xi)\tau}] = V_0 E[e^{-(r+\xi)\tau - X_\tau}]$$

$$= V_0\exp\left[\ln\left(\frac{V_B}{V_0}\right)\right] \cdot \left\{\frac{\tilde{\eta} - s_{1,\xi}}{s_{2,\xi} - s_{1,\xi}}\frac{s_{2,\xi} + 1}{\tilde{\eta} + 1}\exp\left[s_{1,\xi}\ln\left(\frac{V_B}{V_0}\right)\right]\right.$$

$$\left. + \frac{s_{2,\xi} - \tilde{\eta}}{s_{2,\xi} - s_{1,\xi}}\frac{s_{1,\xi} + 1}{\tilde{\eta} + 1}\exp\left[s_{2,\xi}\ln\left(\frac{V_B}{V_0}\right)\right]\right\}$$

$$= V_B\left[\tilde{d}_{1,\xi}\left(\frac{V_B}{V_0}\right)^{s_{1,\xi}} + \tilde{d}_{2,\xi}\left(\frac{V_B}{V_0}\right)^{s_{2,\xi}}\right]$$

其中，对于 $\xi = 0$ 或 m，

$$\tilde{c}_{1,\xi} = \frac{\tilde{\eta} - s_{1,\xi}}{s_{2,\xi} - s_{1,\xi}} s_{2,\xi}, \quad \tilde{c}_{2,\xi} = \frac{s_{2,\xi} - \tilde{\eta}}{s_{2,\xi} - s_{1,\xi}} s_{1,\xi},$$

$$\tilde{d}_{1,\xi} = \frac{\tilde{\eta} - s_{1,\xi}}{s_{2,\xi} - s_{1,\xi}} \frac{s_{2,\xi} + 1}{\tilde{\eta} + 1},$$

$$\tilde{d}_{2,\xi} = \frac{s_{2,\xi} - \tilde{\eta}}{s_{2,\xi} - s_{1,\xi}} \frac{s_{1,\xi} + 1}{\tilde{\eta} + 1}$$

$s_{1,\xi}$ 和 $s_{2,\xi}$（$s_{1,\xi} < s_{2,\xi}$）是以下方程的两个正实数根：

$$-\left(r - \delta - (1 + c)\lambda\varphi + \lambda\kappa - \frac{1}{2}\sigma^2\right)x + \frac{1}{2}\sigma^2 x^2 + \lambda\left(\frac{\tilde{\eta} - x}{} - 1\right) = r + \xi$$

最后，我们令 $\xi = m$ 和 0，即可得到初始时刻的债券价值和企业价值：

$$D(V; V_B, \beta) = \frac{P(\rho + m)}{r + m}\left[1 - \tilde{c}_{1,m}\left(\frac{V_B}{V_0}\right)^{s_{1,m}} - \tilde{c}_{2,m}\left(\frac{V_B}{V_0}\right)^{s_{2,m}}\right]$$

$$+ (1 - \alpha)V_B\left[\tilde{d}_{1,m}\left(\frac{V_B}{V_0}\right)^{s_{1,m}} + \tilde{d}_{2,m}\left(\frac{V_B}{V_0}\right)^{s_{2,m}}\right]$$

$$v(V; V_B, \beta) = V_0 + \frac{Pi\rho}{r}\left[1 - \tilde{c}_{1,0}\left(\frac{V_B}{V_0}\right)^{s_{1,0}} - \tilde{c}_{2,0}\left(\frac{V_B}{V_0}\right)^{s_{2,0}}\right]$$

$$- \alpha V_B\left[\tilde{d}_{1,0}\left(\frac{V_B}{V_0}\right)^{s_{1,0}} + \tilde{d}_{2,0}\left(\frac{V_B}{V_0}\right)^{s_{2,0}}\right]$$

当 $\beta = 1$ 时，我们令 $X_t = \ln\left(\frac{V_t}{V_0}\right)$，于是，我们可以得出

$$X_t = -\left(r - \delta - c\lambda\kappa - \frac{1}{2}\sigma^2\right)t - \sigma W_t$$

$$\tau = \inf[t \geqslant 0: V_t \leqslant V_B] = \inf\left[t \geqslant 0: X_t \geqslant -\ln\left(\frac{V_B}{V_0}\right)\right]$$

由于风险管理水平 $\beta = 1$，换句话说，此时纯粹风险（或者说跳）已被

完全转移，于是，$V_\tau = V_B$。因此，我们可以得出：$X_\tau = -\ln\left(\frac{V_B}{V_0}\right)$，$X_0 = 0$。

另外，X_t 的无穷小生成元可以表示为

$$\mathrm{L}u(x) = -\left(r - \delta - c\lambda\kappa - \frac{1}{2}\sigma^2\right)u'(x) + \frac{1}{2}\sigma^2 u''(x)$$

同时，X_t 的矩母函数可以表示为

$$\psi(\omega, t) = E[\exp(\omega X_t)] = \exp(G(\omega)t)$$

其中，函数 $G(\cdot)$ 为

$$G(x) = -\left(r - \delta - c\lambda\kappa - \frac{1}{2}\sigma^2\right)x + \frac{1}{2}\sigma^2 x^2$$

为了方便，我们定义 $\mu = -\left(r - \delta - c\lambda\kappa - \frac{1}{2}\sigma^2\right)$，$h = r + \xi$，$b = -\ln\left(\dfrac{V_B}{V}\right)$，以及 $u(x) = e^{-s_\xi \cdot (b-x)}$，其中，$s_\xi$ 是方程 $G(x) = h$ 的正实数根。由伊藤公式，我们可以得到：

$$e^{-h\cdot(t\wedge\tau)}u(X_{t\wedge\tau}) = u(0) - \int_0^{t\wedge\tau} e^{-h\cdot z}h\cdot u(X_z)\,\mathrm{d}z + \int_0^{t\wedge\tau} e^{-h\cdot z}\mu\cdot u'(X_z)\,\mathrm{d}z$$

$$- \int_0^{t\wedge\tau} e^{-h\cdot z}\sigma\cdot u'(X_z)\,\mathrm{d}W_z + \frac{1}{2}\int_0^{t\wedge\tau} e^{-h\cdot z}\sigma^2\cdot u''(X_z)\,\mathrm{d}z$$

$$= u(0) + \int_0^{t\wedge\tau} e^{-h\cdot z}(-h\cdot u + \mathrm{L}u)\cdot\mathrm{d}z - \sigma\int_0^{t\wedge\tau} e^{-h\cdot z}u'(X_z)\,\mathrm{d}W_z$$

对上式两边同时取期望，可以得出

$$u(0) = E\left[e^{-h\cdot(t\wedge\tau)}u(X_{t\wedge\tau}) - \int_0^{t\wedge\tau} e^{-h\cdot z}(-h\cdot u + \mathrm{L}u)\cdot dz\right]$$

其中，根据函数 $u(\cdot)$ 的定义，我们有

$$e^{-h\cdot z}(-h\cdot z + \mathrm{L}u) = e^{-h\cdot z - (b-X_z)\cdot s_\xi}\left(-h + \mu\cdot s_\xi + \frac{1}{2}\sigma^2 s_\xi^2\right)$$

由于 s_ξ 是方程 $\mu x + \dfrac{1}{2}\sigma^2 x^2 = h$ 的正实数根，因此

$$u(0) = E[e^{-h(t\wedge\tau)}u(X_{t\wedge\tau})]$$

令 $t \to +\infty$，我们可以得出

$$u(0) = E[e^{-h\cdot\tau}u(X_\tau)] = E(e^{-h\cdot\tau})$$

因此，

$$E[e^{-(r+\xi)\tau}] = u(0) = \exp\left[s_\xi\ln\left(\frac{V_B}{V_0}\right)\right] = \left(\frac{V_B}{V_0}\right)^{s_\xi}$$

$$E[\,V_{\tau}e^{-(r+\xi)\,\tau}\,] = V_B E[\,e^{-(r+\xi)\,\tau}\,] = V_B \left(\frac{V_B}{V_0}\right)^{s_{\xi}}$$

最后，在上面两个式子中，我们令 $\xi = m$ 和 0，即可得到初始时刻的债券价值和企业价值：

$$D(V;\ V_B,\ 1) = \frac{P(\rho + m)}{r + m}\left[1 - \left(\frac{V_B}{V_0}\right)^{s_m}\right] + (1 - \alpha)\,V_B \left(\frac{V_B}{V_0}\right)^{s_m}$$

$$v(V;\ V_B,\ 1) = V_0 + \frac{Pi\rho}{r}\left[1 - \left(\frac{V_B}{V_0}\right)^{s_0}\right] - \alpha V_B \left(\frac{V_B}{V_0}\right)^{s_0}$$

附录 D 定理 3.2 的证明

类似于 Chen 和 Kou（2009）的研究，对于给定的债务水平 P 和风险管理水平 β，最优破产水平 V_B 可以由下式得出：

$$\left.\frac{\partial\, S(V;\, V_B,\, \beta)}{\partial\, V}\right|_{V=V_B} = 0$$

当 $0 \leqslant \beta < 1$ 时，与引理 3.2 类似，我们可以得出考虑纯粹风险管理时的股东价值：

$$S(V;\, V_B,\, \beta) = v(V;\, V_B,\, \beta) - D(V;\, V_B,\, \beta)$$

$$= V + \frac{i\rho P}{r}\left[1 - \tilde{c}_{1,\,0}\left(\frac{V_B}{V}\right)^{s_{1,\,0}} - \tilde{c}_{2,\,0}\left(\frac{V_B}{V}\right)^{s_{2,\,0}}\right]$$

$$- \alpha V_B\left[\tilde{d}_{1,\,0}\left(\frac{V_B}{V}\right)^{s_{1,\,0}} + \tilde{d}_{2,\,0}\left(\frac{V_B}{V}\right)^{s_{2,\,0}}\right]$$

$$- \frac{P(\rho + m)}{r + m}\left[1 - \tilde{c}_{1,\,m}\left(\frac{V_B}{V}\right)^{s_{1,\,m}} - \tilde{c}_{2,\,m}\left(\frac{V_B}{V}\right)^{s_{2,\,m}}\right]$$

$$- (1 - \alpha)\, V_B\left[\tilde{d}_{1,\,m}\left(\frac{V_B}{V}\right)^{s_{1,\,m}} + \tilde{d}_{2,\,m}\left(\frac{V_B}{V}\right)^{s_{2,\,m}}\right]$$

于是，

$$\frac{\partial\, S(V;\, V_B)}{\partial\, V} = 1 + \frac{i\rho P}{r}\left[\tilde{c}_{1,0}s_{1,0}\frac{1}{V}\left(\frac{V_B}{V}\right)^{s_{1,0}} + \tilde{c}_{2,0}s_{2,0}\frac{1}{V}\left(\frac{V_B}{V}\right)^{s_{2,0}}\right]$$

$$+ \alpha V_B\left[\tilde{d}_{1,0}s_{1,0}\frac{1}{V}\left(\frac{V_B}{V}\right)^{s_{1,0}} + \tilde{d}_{2,0}s_{2,0}\frac{1}{V}\left(\frac{V_B}{V}\right)^{s_{2,0}}\right]$$

$$- \frac{P(\rho + m)}{r + m}\left[c_{1,m}s_{1,m}\frac{1}{V}\left(\frac{V_B}{V}\right)^{s_{1,m}} + c_{2,m}s_{2,m}\frac{1}{V}\left(\frac{V_B}{V}\right)^{s_{2,m}}\right]$$

$$+ (1 - \alpha)\, V_B\left[d_{1,m}s_{1,m}\frac{1}{V}\left(\frac{V_B}{V}\right)^{s_{1,m}} + d_{2,m}s_{2,m}\frac{1}{V}\left(\frac{V_B}{V}\right)^{s_{2,m}}\right]$$

因此，

$$\frac{\partial S(V;\ V_B)}{\partial V}\bigg|_{V=V_B} = 1 + \frac{i\rho P}{r}\frac{1}{V_B}(\tilde{c}_{1,0}s_{1,0} + \tilde{c}_{2,0}s_{2,0}) + \alpha(\tilde{d}_{1,0}s_{1,0} + \tilde{d}_{2,0}s_{2,0})$$

$$-\frac{P(\rho+m)}{r+m}\frac{1}{V_B}(\tilde{c}_{1,m}s_{1,m} + \tilde{c}_{2,m}s_{2,m})$$

$$+(1-\alpha)(\tilde{d}_{1,m}s_{1,m} + \tilde{d}_{2,m}s_{2,m})$$

于是，最优破产水平 V_B 可以表示为

$$V_B = \frac{\dfrac{\rho+m}{r+m}(\tilde{c}_{1,m}s_{1,m} + \tilde{c}_{2,m}s_{2,m}) - \dfrac{i\rho}{r}(\tilde{c}_{1,0}s_{1,0} + \tilde{c}_{2,0}s_{2,0})}{\alpha(\tilde{d}_{1,0}s_{1,0} + \tilde{d}_{2,0}s_{2,0}) + (1-\alpha)(\tilde{d}_{1,m}s_{1,m} + \tilde{d}_{2,m}s_{2,m}) + 1}P$$

当 $\beta = 1$ 时，结合式（3.11）、式（3.13）和式（3.14），我们可以得出相应的股东价值：

$$S(V;\ V_B,\ 1) = v(V;\ V_B,\ 1) - D(V;\ V_B,\ 1)$$

$$= V + \frac{Pi\rho}{r}\left[1 - \left(\frac{V_B}{V}\right)^{s_0}\right] - \alpha V_B\left(\frac{V_B}{V}\right)^{s_0}$$

$$-\frac{P(\rho+m)}{r+m}\left[1 - \left(\frac{V_B}{V}\right)^{s_m}\right] - (1-\alpha)V_B\left(\frac{V_B}{V}\right)^{s_m}$$

那么，

$$\frac{\partial S(V;\ V_B,\ 1)}{\partial V} = 1 + \frac{Pi\rho}{r}\frac{s_0}{V}\left(\frac{V_B}{V}\right)^{s_0} + \alpha V_B\frac{s_0}{V}\left(\frac{V_B}{V}\right)^{s_0}$$

$$-\frac{P(\rho+m)}{r+m}\frac{s_m}{V}\left(\frac{V_B}{V}\right)^{s_m} + (1-\alpha)V_B\frac{s_m}{V}\left(\frac{V_B}{V}\right)^{s_m}$$

因此，

$$\frac{\partial S(V;\ V_B,\ 1)}{\partial V}\bigg|_{V=V_B} = 1 + \frac{Pi\rho}{r}\frac{s_0}{V_B} + \alpha s_0 - \frac{P(\rho+m)}{r+m}\frac{s_m}{V_B} + (1-\alpha)s_m$$

综合上述分析，最优破产水平为

$$V_B = \frac{\dfrac{\rho+m}{r+m}s_m - \dfrac{i\rho}{r}s_0}{\alpha s_0 + (1-\alpha)s_m + 1}P$$